国家破産で
あなたの
老後資金は
どうなる!? 上

What Happens to
Your Retirement Funds
in a National Bankruptcy!?

浅井隆

第二海援隊

プロローグ

インフレは、国にとって常に脅威である。
コントロールできなくなる時がやって来てすべてを台無しにする。
それは社会にとって良いことではない。

（ウォーレン・バフェット）

国家破産とは、国民の財産を奪うことである

日本は今、異様な静けさの中にいる。

GDP比で二五七％（二〇二二年IMF発表）という世界最悪の借金を抱えているにも関わらず、選挙では自民党から国民民主党まですべての政党が「ばら撒き」を訴え、中には「消費税を廃止しろ！」という暴論まで登場する。

これほどの異常な規模の借金を抱えてもなんとか平穏無事にやってこられたのはあくまでも金利が低かったからであり、その低金利は「日銀が国債を無制限に買う」という〝手品のような奇策〟によってなんとか維持されて来た。しかし、その手品も通用しなくなり始めた。世界的に金利が上がり始めたからだ。

そして、ついに大ドンデン返しが始まろうとしている。「財政破綻」という、とんでもないパニックが目前に迫っている。国債暴落の崖《がけ》が、もうすぐそこに迫って来ている。つまり、あの「国家破産」の登場だ。

この期《ご》におよんでも、「もっと借金しても大丈夫だ」「もっとばら撒け」と吹《ふい》聴《ちょう》している経済評論家なる人々がいるが、はっきり言って頭がおかしいとしか思えない。借金は借金であり、借金をさらに増やして今の借金の問題を解決しようという行為は〝火で火を消そうとする行為〟とまったく同じと言ってよい。

人類の歴史を調べてみればわかるが、借金をし過ぎたすべての国は亡びるか、国は残っても国民生活は完膚《かんぷ》なきまでに破壊されている。かつて、明治最大の先覚者であり優れた見識を持った福沢諭吉は、「この世の中で何が恐いと言って、暗殺は別にして、借金ほど恐いものはない」とその本質を喝破《かっぱ》している。

破綻した国家に介入し、すさまじい荒治療をすることで悪名（？）高いＩＭＦ（国際通貨基金）は、日本に対する警告とも受け取れる発言（ガスパール財政局長）を行なっている——「日本が今後、著しい経済的ショックに見舞われれば、債務水準の悪化ペースは新型コロナウイルスの時期を上回る可能性がある」。さらに「日本の債務リスクは大きい」と懸念を示し、「財政健全化が非常に重要な優先課題だ」（時事二〇二四年一〇月二三日付）と強調したのだ。

慎重で遠回しな表現だが、台湾有事や南海トラフ巨大地震による巨大津波がやって来れば、財政が一気に破綻するということだ。

私は日本の財政状況を心配するあまり、この三〇年の間に破綻した国（ロシア、アルゼンチン、ギリシャなど一〇ヵ国あまり）のほとんどを現地取材して来た。そして、その現場で何が起き、国民生活がどうなったかをつぶさに見て来た。さらに、どうすれば老後資金を守れるかも調査して来た。ここまでのことをやった経済の専門家は、世界でも私しかいない。

では、その私の結論を皆様にお伝えしよう。ずばり、「X―デイは近い」ということだ。しかも、「それはある日突然やって来る」。

では、どうすればよいのか。あなたの命の次に大切な老後資金を守るためには何をすればよいのか。本書では、その恐るべき日に向けて、本当に役に立つ情報とサバイバル術の基本をお伝えしたいと思う。

二〇二五年一月吉日

浅井　隆

国家破産であなたの老後資金はどうなる⁉〈上〉――――目次

プロローグ

第一章　金利暴騰一二％へ、そして銀行は「取り付け騒ぎ」に
――泣く子も黙るＩＭＦが警告する日本の未来

第二章　あなたの預金が降ろせなくなる日
——金利上昇で日銀が債務超過となり吹き飛ぶ

第四章　ハイパーインフレ、財産税九〇％、新円切替、年金五〇％カット、消費税三〇％

――国民生活を襲う国家破産の猛威

※注　本書では一米ドル＝一五八円（指定外）で計算しました。

第一章

金利暴騰一二%へ、
そして銀行は「取り付け騒ぎ」に
——泣く子も黙るＩＭＦが警告する日本の未来

日本にも早晩、破局が訪れる!!

（浅井 隆）

二〇XX年――日本が「第二の降伏文書」に調印!?

ここに、一枚の写真がある（一五ページ参照）。これは、一九九八年一月一五日にインドネシアのスハルト大統領（当時）が頭を下げ、前年の「アジア通貨危機」の際の緊急融資と引き換えに屈辱的かつ極めて過剰な条件リストに署名する中、当時IMFのフランス専務理事だったミシェル・カムドシュ氏が不作法にも腕組みをして立っている、という写真だ。

スハルト大統領が緊縮財政措置に同意する文書に署名する姿（間もなく権力の座から追放される）をIMFが見下ろしていたこの写真は、今でも〝歴史的な瞬間〟として世界中のメディアが繰り返し引用している。当時、欧米メディアの中には「一九四五年九月に東京湾の米軍戦艦上で行なわれた、『降伏承認』の署名を彷彿とさせた」と伝えたものも複数あった。

二〇二四年四月二五日付の英フィナンシャル・タイムズは、「（アジア通貨危機から）四半世紀を経た今でも、それは欧米の傲慢《ごうまん》さの悪名高いイメージとして共有されている」と、この写真について指摘している。

この「泣く子も黙る」ＩＭＦが、近い将来日本に乗り込んで来ると私は確信している。というのも、間もなく日本が深刻な財政危機に直面するからだ。

ところで、このＩＭＦとはどのような国際機関なのだろう。ＩＭＦが創設されたのは、今からおよそ八〇年前だ。一九四四年七月、世界の指導者たちが米ニューハンプシャー州ブレトンウッズに集まり、「国際通貨基金」（ＩＭＦ）の創設を決めたのである（ブレトンウッズ協定）。現在は「財政の番人」としてのイメージが先行するが、当初の目的は世界恐慌の原因となったような経済的な不均衡を防ぐことにあった。ＩＭＦの創設者たちは、経済協力体制の崩壊こそが世界恐慌をもたらした要因になったと考え、その一つに「近隣《きんりん》窮乏《きゅうぼう》化《か》策《さく》」を挙げている。

大恐慌が起こる以前、たとえば貿易黒字を積み上げていたアメリカなどは、深刻な貿易赤字を抱えたイギリスなどを支援する必要性を感じていなかった。

IMFからの緊急融資を受けるために、屈辱的かつ極めて過剰な条件の並ぶリストに署名するインドネシアのスハルト大統領（当時：右）とそれを腕組みをしながら見下ろすIMF専務理事のミシェル・カムドシュ氏（当時）。　（写真提供：ロイター / アフロ）

不況に陥った国は、通貨の切り下げや関税によって輸入を抑え、輸出を拡大することを目指し、実質的に失業を外へ移転させようとしたのである。結果、一部の国が不況を乗り切るために軍拡と侵略へと走り、第二次世界大戦が引き起こされた、と当時の指導者らは考えた。ちなみに、当時のアメリカ（貿易黒字）とイギリス（貿易赤字）の関係性は、現在の米中関係のそれに限りなく近い。

経済学者のジョン・メイナード・ケインズは、こうした近隣窮乏化策を終わらせることを念頭に、国際的な銀行と通貨で貿易を行なうことにより、大規模な黒字と赤字の発生を防ぐことを提案した。しかし実際は、アメリカのハリー・ホワイトが提案したもう一つの案（各国は自国通貨と米ドルの交換レートを固定し、定期的に見直しをＩＭＦが監督する仕組み）で合意する。

設立当時は二九ヵ国だった加盟国は、現在一八九ヵ国にまで増えている。当初は経済的な不均衡を防ぐことにＩＭＦは主眼を置いていたが、一九七〇年代にインフレと貿易赤字の拡大を背景に固定相場制が崩壊したこともあり、ＩＭＦにはもう一つ使命が増えた。

それこそが、途上国の「債務再編」という役割である。というのも、固定相場制が崩壊した後の世界では、国境をまたぐ資本の移動が急増し、貧困国は西側の銀行や投資家から借り入れができるようになった。その一方で、これらの国がデフォルト（債務不履行）に陥ることも増加したのである。

ＩＭＦの支援には通常、厳しい財政緊縮策の実施が条件とされ、そこから「泣く子も黙る」というイメージが定着した。また、近年は経済的な不均衡の是《ぜ》正《せい》よりも財政モニター（監視）としての役割が強まっていると言われ、ＩＭＦは「It's Mostly Fiscal」（財政ばかり）の略称だというジョークも聞かれる。皆さんのＩＭＦに対するイメージもそうではないだろうか。

ＩＭＦは、国連のような一国一票制ではなく各国の「出資比率」に応じて投票権が割り当てられている。現在は、二〇一〇年の見直し協議で決められた比率が維持されていて、アメリカが一七・四三%で一位、日本は一位で六・四七%、三位が中国で六・四〇%だ。ＩＭＦの重要事項の決定には、投票権を持つ国の八五%以上の賛成が必要なため、現在一五%超の投票権の比率をもつアメリカは事実上の拒否権を持つ。三位の中国はこうした現状に不満だ。ＧＤＰ（国内総生産）で日本を上回り世界二位となっている中国は、一〇年以上前に決められた算定基準に不満を示し、出資比率の見直し（改定）を訴え続けている。

今の今まで欧米と日本がＩＭＦの意思決定を主導できたが、今後はそうとも限らない。新興国が経済成長するにつれ、ＩＭＦにおけるＧ７の存在感は着実に低下しており、たとえば中国の出資比率が日本を抜いて二位となれば意思決定を行なう理事会で中国の発言権が増大するため、融資先（国）の決定などを巡り混乱が生じかねない。そもそも、二〇二五年一月に米大統領に就任するドナルド・トランプ氏は、こうした国際機関に懐疑的な立場だ。

実際、第二次トランプ政権の発足を念頭に置いた政策アイデア「プロジェクト２０２５」にはトランプ氏の顧問が多く執筆陣に加わっており、その提言には「アメリカはＩＭＦを脱退すべき」との主張も含まれている。中国が牛耳《ぎゅうじ》るＩＭＦなど想像できたものではない。日本が財政危機に直面し、中国が主導するＩＭＦが乗り込んで来る事態など、想像しただけで身震いがする。

IMFは、当初の役割であった各国間の経済的な不均衡の是正よりも近年は各国の財政状況の監視ばかり……と言われるが、破綻処理をする方としては当然のことかもしれない。　（写真提供：ロイター＝共同）

話を戻すが、最近のＩＭＦは世界の財政モニター役としての側面が強い。債務国に過剰な緊縮策を呑《の》み込ませ、その国でＩＭＦへの非難やデモが巻き起こっている様子をニュースなどで見たことがあるという人も多いだろう。

確かに、ＩＭＦの要求は容赦ない。たとえば、二〇〇〇年代初頭に日本で話題を呼んだ「ネバダ・レポート」というものがある。これはＩＭＦによる日本の破綻処理計画だという触れ込みだが、ＩＭＦは公式に認めていない。しかしその内容が、〝さもありなん〟ということなので二一ページに紹介しておこう。一読すれば唖然《あぜん》とする内容で、「こんなにひどい緊縮を課すのか⁉」と思われたことだろう。この「ネバダ・レポート」の信憑《しんぴょう》性は疑わしいが、それとは別にＩＭＦが多くの債務者に〝鬼の緊縮〟を強いて来たことは間違いない。

「ネバダ・レポート」のような、過酷な緊縮策を容赦《ようしゃ》なく突き付けて来る。「泣く子も黙るＩＭＦ」という表現は、まさに〝言い得て妙〟なのだ。

そんなＩＭＦは、日本の財政を大いに心配している。日本の政府債務は対ＧＤＰ比で二五七％に達しているので、当然と言えば当然だ。秘密《ひみつ》裏《り》に「ネバ

日本の破綻処理計画!?「ネバダ・レポート」

① 公務員の総数、給与を3割カット

② 公務員のボーナス、退職金を全額カット

③ 年金を一律的に3割カット

④ 5〜10年の時限措置として国債の利払いを停止

⑤ 消費税を20%に引き上げ

⑥ 課税最低限の引き下げ

⑦ 不動産、債券、株式を対象とした資産課税の導入

⑧ 預金を対象とした財産税の導入

ダ・レポート」のような破綻処理計画を準備していたとしても不思議ではない。

「明らかに日本の債務リスクは大きい」——ＩＭＦの幹部、ヴィトール・ガスパール財政局長は時事通信（二〇二四年一〇月二三日付）のインタビューで率直にこう断じた。ガスパール氏は、日本がこれから著しい経済的ショックに見舞われれば、債務水準の悪化ペースはコロナショックの時期を上回る可能性があると警告。それゆえ、財政健全化が「非常に重要な優先課題だ」と指摘する。

また、ＩＭＦのアジア太平洋局長であるクリシュナ・スリニバーサン氏の日本への提案は、より突っ込んだものだ。スリニバーサン氏は二〇二四年一一月一日、ロイターとのインタビューで「日本が追加的な支出を行なう場合、国債を発行するのではなく、予算内で賄うべき」との見方を示し、日銀が利上げに乗り出す中、「金融政策の正常化が進められていることを踏まえると、財政側が大幅に遅れている健全化に実際に着手する責任がある」と断じている。

こうした踏み込んだ提言は、よほどの危機感の現れと見てよい。スリニバーサン氏は「いかなる支援も的を大幅に絞るべきで、新たな対策は予算内で賄うべきだ」「新たな対策に充てるために債務をさらに増やすべきではない」（以上、前出ロイター）と述べているが、これは現時点では危機に至っていない国に対して相当に強い物言《ものい》いである。受け手によっては、いくらＩＭＦであろうと「さすがに干渉し過ぎだ」と不満を感じても不思議ではない。

私が思うに、日本の財政はそれほど深刻なのだ。Ｘ（エックス）などのＳＮＳやインターネット上には、よく「財務省とＩＭＦは結託《けったく》しており、ありもしない危機をあおっている」といった内容が書き込まれているが、私はまったくそうだとは思わない。彼らは真に日本の財政危機を心配しているのだ。仮に世界第四位の経済大国である日本が破綻すれば、それは国内だけでなく世界経済に極端な影響をもたらすことになる。だからこそ、強く警告しているのだ。

一方で私は、近い将来の日本へのＩＭＦ介入は不可避と見ている。冒頭で紹介した写真（ＩＭＦに見下されるインドネシアのスハルト大統領）のような光景が、ここ日本で繰り返されるのではないか。そして、世界中のメディアがこう書き立てるのだろう――「日本は第二の敗戦を迎えた」と。

ＩＭＦ危機で、韓国の金利は「三五％」に!!

二〇一八年に公開された韓国映画に『国家が破産する日』というものがある（日本公開は二〇一九年）。同映画は、一九九七年のアジア通貨危機（ＩＭＦ危機）で韓国が置かれていた状況を克明《こくめい》に描いたことで話題となった。まだ見ていないという方は、ぜひご鑑賞いただきたい。極めて強烈な内容に驚くだろう。それを知る世代の韓国人にとってＩＭＦ危機は、自身あるいは周囲の生活を一変させてしまった、決して忘れることのできない大事件である。

外貨の急速な流出に直面した韓国政府は一九九七年一一月二一日、ＩＭＦに緊急融資を申請、それをきっかけに総合金融会社と呼ばれるノンバンクがすべて営業停止となり、金融システムが破綻した。大企業、中小・零細企業に関係なく倒産が続出、社会不安が台頭し、自殺率が跳《は》ね上がったのである。韓国国民からすると危機がＩＭＦと一緒にやって来たことから、「ＩＭＦ危機（事態）」

と呼ばれるようになった。

前出の映画『国家が破産する日』は事実を元にしたフィクションだが、そこに映し出される描写は極めて生々しい。

映画の冒頭、「アジア四小龍」（シンガポール、香港、韓国、台湾の四ヵ国を指す。「小龍」というのは、この呼称が提唱された当時すでに高度経済成長を遂げ先進国となっていた日本を「アジア唯一の大龍」と見立て、「それに次ぐ」という意味合い）ともてはやされ、急速な経済成長を遂げた一九九七年の韓国社会、その前年にＯＥＣＤ（経済協力開発機構）への加盟が決まり晴れて先進国の仲間入りを果たして自信がみなぎっている様子が映し出される。

しかし突然、アメリカの金融機関モルガン・スタンレーに場面が変わり、一人のトレーダーが顧客へ「韓国から離れろ」（資金を引き揚げろ）というメールを一斉に配信した。そこから韓国の地獄が始まる。

実は、一九九七年の新年早々に危機の予兆があった。当時、財閥ランキング一四位の韓宝《ハンボ》グループ傘下の韓宝鉄鋼（現在は現代製鉄）が一月二三日に「不渡り」を出し、日本の会社更生法の適用に当たる「法定管理」を裁判所に申請したのである。そこから、財閥がバタバタと倒れ始めた。

同年三月二〇日には同じくランキング二六位で特殊鋼製造の三美《サンミ》が倒産。さらにはランキング一九位のヘテ、二七位の焼酎で有名な真露《ジンロ》（現在はハイト眞露）、三四位の大農《デノン》といった財閥が次々と破綻して行った。終《しま》いには、ランキング七位の大手自動車メーカー起亜《キア》自動車が法定管理を申請したことで、韓国経済はいよいよ危機的な状況に陥る。

そこにソブリン（国家の）格下げが重なった。起亜が法定管理を申請した二日後の同年一〇月二四日に米格付け大手「スタンダード・アンド・プアーズ（S&P）」が、そして一〇月二七日には同じく格付け大手「ムーディーズ」が、韓国の格付けを引き下げる。

すると、ほどなくして株価が大暴落し、韓国ウォンも初めて一ドル＝一〇〇〇ウォンを突破した。同年一一月二一日に韓国政府はIMFに支援を求め、一二月三日に覚書を締結したことで、韓国はIMFの管理下に置かれてしまう。

それでも危機を収拾できず、同年一二月にムーディーズが韓国のソブリン格付けを「ジャンク級」（投資不適格）まで引き下げたことで、デフォルト（債務不履行）の危機に瀕した。

韓国に介入したＩＭＦは、二九ページの図のような要求をしている。ＩＭＦは痛烈な通貨安を阻止するため、この過程で韓国の政策金利をなんと三五％にまで引き上げている。もう一度、言おう。「三五％」だ。現在（二〇二四年一一月）の日本の政策金利はわずか〇・二五％。日本の政策金利は過去二〇年間、ただの一度たりとも〇・五％を上回ったことはないが、ゼロ金利のぬるま湯に浸かり続けている私たちからすると三五％の政策金利など想像しようもない。

言うまでもなく、急激な金利上昇によって韓国経済は崩壊した。自殺率はうなぎ登りに上昇、介入したＩＭＦに韓国国民は相当な恨《うら》みを募《つの》らせた。

韓国がＩＭＦからの緊急融資を返済して管理が終了したのは、二〇〇一年のことであった。意外に早いと思うかもしれないが、これは韓国国民が財政再建に熱意を燃やした結果であったとも言える。

その象徴が「金《きん》集め運動」だ。これは、多くの国民が結婚指輪など思い出の品を政府に拠出したことを指す。その結果、集まった金《きん》は二二七トン。これをすべて輸出し、韓国政府は二二〇億ドルもの外貨を得たのであった。一九九七年当時の韓国銀行（中央銀行）の外貨準備高は二〇億ドルだったが、それをはるかに凌《しの》ぐ外貨を国民が供出したのである。

これを知ったアメリカのドナルド・トランプ大統領（当時）は二〇一七年一一月八日に韓国の国会で演説した際、こう韓国国民を称賛した——「通貨危機に直面した際には、数百万人が結婚指輪や家宝、金《きん》の幸運の鍵など大切にしていた品々を差出し、子供たちにより良い未来を実現する約束を果たそうとした」。

さて、韓国では国民が一丸となって早期に危機を脱出したが、日本の場合はそうは行かないだろう。極めて過酷な緊縮が、長期に亘って実施される可能性が高い。その理由は、日本の政府債務残高があまりに多いからだ。

「日本の財政が破綻すれば、週五万円しか引き出せない日々がずっと続く」（プレジデント・オンライン二〇二〇年一二月二四日付）——かねてから日本の

IMFが韓国に介入した時の要求

① 経常収支の改善

② 財政収支の黒字化

③ インフレの抑制

④ 金融の引き締め

⑤ 外貨準備の積み増し

⑥ 金融の改革

⑦ 市場の開放（財閥の改革など）

※この他に政策金利を35％に引き上げた

財政問題に警鐘を鳴らして来た日本総合研究所調査部主席研究員の河村小百合氏はこう強烈な警告を発している。河村氏によると、「財政破綻したギリシャでは二年ほど預金引き出しが週五万円程度に規制された。もし日本が財政破綻すれば、規制はもっと長引く恐れがある」（同前）というのだ。

対GDP比二〇〇%超の借金は、この一〇〇年間で四度目

IMFの財政モニター（二〇二四年一〇月時点）によると、二〇二四年の日本の政府債務残高の対GDP比は「二五一・二%」（予想値）になる。GDPという〝国力〟に照らし合わせて二倍以上もの借金を積み増すというのは、どう考えても異常だ。

中には「日本の政府債務は円建てなので問題ない」だとか、「MMT（現代貨幣理論）」を持ち出して政府はいくらでも借金できる、と叫ぶ人々もいる。しかし歴史上、永遠に借金を積み増すことに成功した国はない。どこかの時点でデ

フォルト（債務不履行）や極端な通貨安（ハイパーインフレ）によって、なかば強制的に帳尻《ちょうじり》が合うという結末をたどっている。それが対内債務（国内での債務）であれ、ＧＤＰの二倍もの借金を積み上げるというのは極めて例外的だ。

というのも、先進国が過去一〇〇年間において、ＧＤＰ比二〇〇％以上の借金が確認された例は、わずか四回しかない。一回目が第一次世界大戦後のフランス。二回目と三回目は、第二次世界大戦後の日本とイギリス。そして四回目が昨今の日本である。この四例しかない。

この四回の例は、いかなる結末をたどったのか。第一次世界大戦後のフランスの債務は、さらなる世界大戦という破壊によって解消されている。第二次世界大戦後の日本は、預金封鎖や新円への切り替え、さらには財産税やハイパーインフレによって解消された。同じくイギリスは、超長期で金融抑圧（インフレ税）を課すことによって債務を圧縮している。

では、今回の日本の債務問題はどのように解決されるのか。「デフォルト」（債務不履行）や「インフレ」「重税」など、多くのシナリオが考えられる。お

GDP比推移（国と地方の両方を合わせたもの）

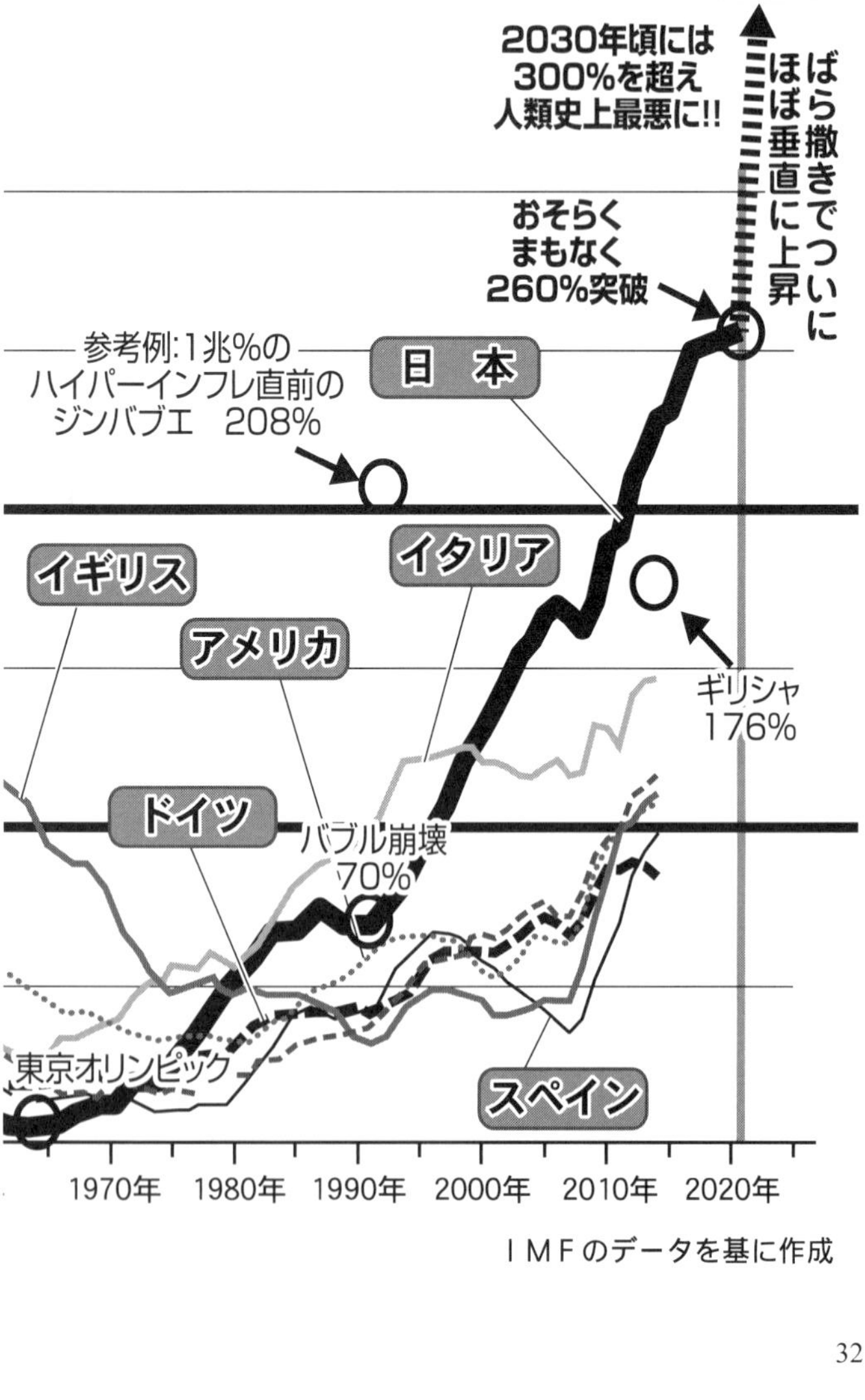

ＩＭＦのデータを基に作成

日本と主要国の債務残高

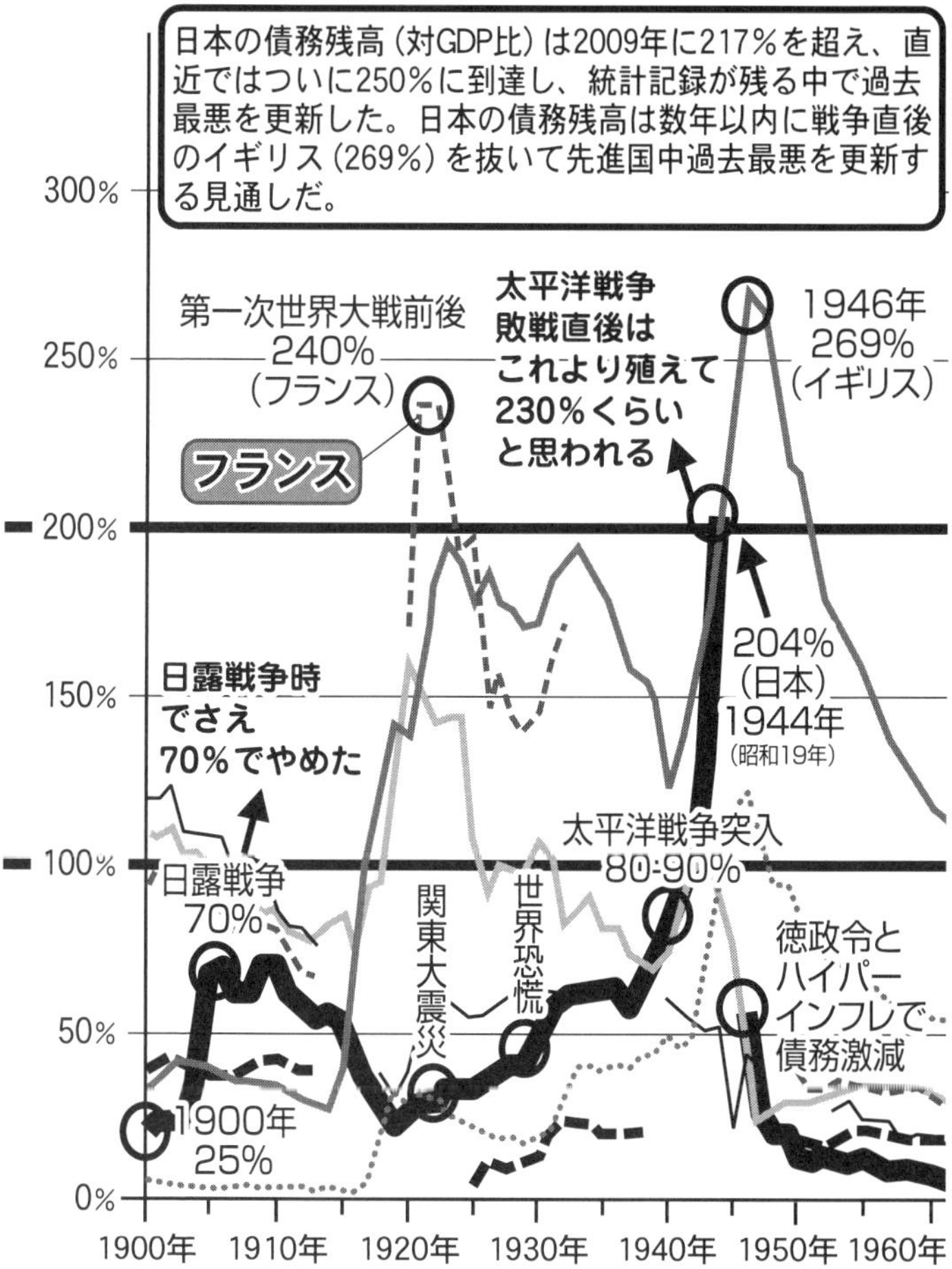

※日本、アメリカ、ドイツ、フランスは一部データが欠如している時期がある。

そらく、これらが合わさったものになる可能性が高い。

一八世紀のフランスの蔵相アベー・テレは、「政府は少なくとも一〇〇年に一度は、財政均衡を回復するためにデフォルトを起こさなければならない」という言葉を残した。フリーランチ（タダ飯）はないということだ。

現実の世界では、結局のところどこかで帳尻を合わせざるを得ない。もちろん、その際に国民は相当な痛みを覚悟する必要がある。それは、もはや激痛どころで済まされないかもしれない。国力（ＧＤＰ）の二〇〇％以上にまで積み上がった借金を解消するのは、決して容易なことではないのだ。

二〇二五年は、四〇年周期で言う「どん底」

なんとも奇妙なことに、明治維新からの日本の歴史には明確なまでに「四〇年周期」というものが確認できる。そのため、前回のピークであった一九八五年から四〇年後の二〇二五年前後には特段の注意が必要だ。率直に言って、財政破綻に直面する恐れがある。

右にフランスの蔵相アベー・テレが「政府は一〇〇年に一度デフォルトする」という旨の言葉を残したと記したが、これはまさにこの世の普遍的な法則なのだと私も思う。「栄枯盛衰」と言うように、いかなる統治者や社会（文明）もどこかで制度疲労を起こすことは避けられない。近代日本も、およそ四〇年ごとに栄枯盛衰が繰り返されていることがわかる。

日本の近代の始まりは一八六八年の明治維新とされるが、その直前の一八六五年頃は日本社会がどん底の時期であった。そこから「富国強兵」「殖産興業」を合言葉に急速に近代化・欧米化を進めた日本は、わずか三〇年後の一八九五年には日清戦争に勝利し、さらに四〇年後の一九〇五年には、かの陸軍大国ロシアにも勝利を収めるまでに至る。わずか四〇年で、どん底から極東の〝先進国〟にのし上がったというわけだ。

しかし、当時の日本はそこでピークを迎える。その後、第一次世界大戦の特《とく》需《じゅ》に沸《わ》いたもの、戦後不況、関東大震災、世界恐慌が次々と日本経済に襲いか

80年）パターンで動いている

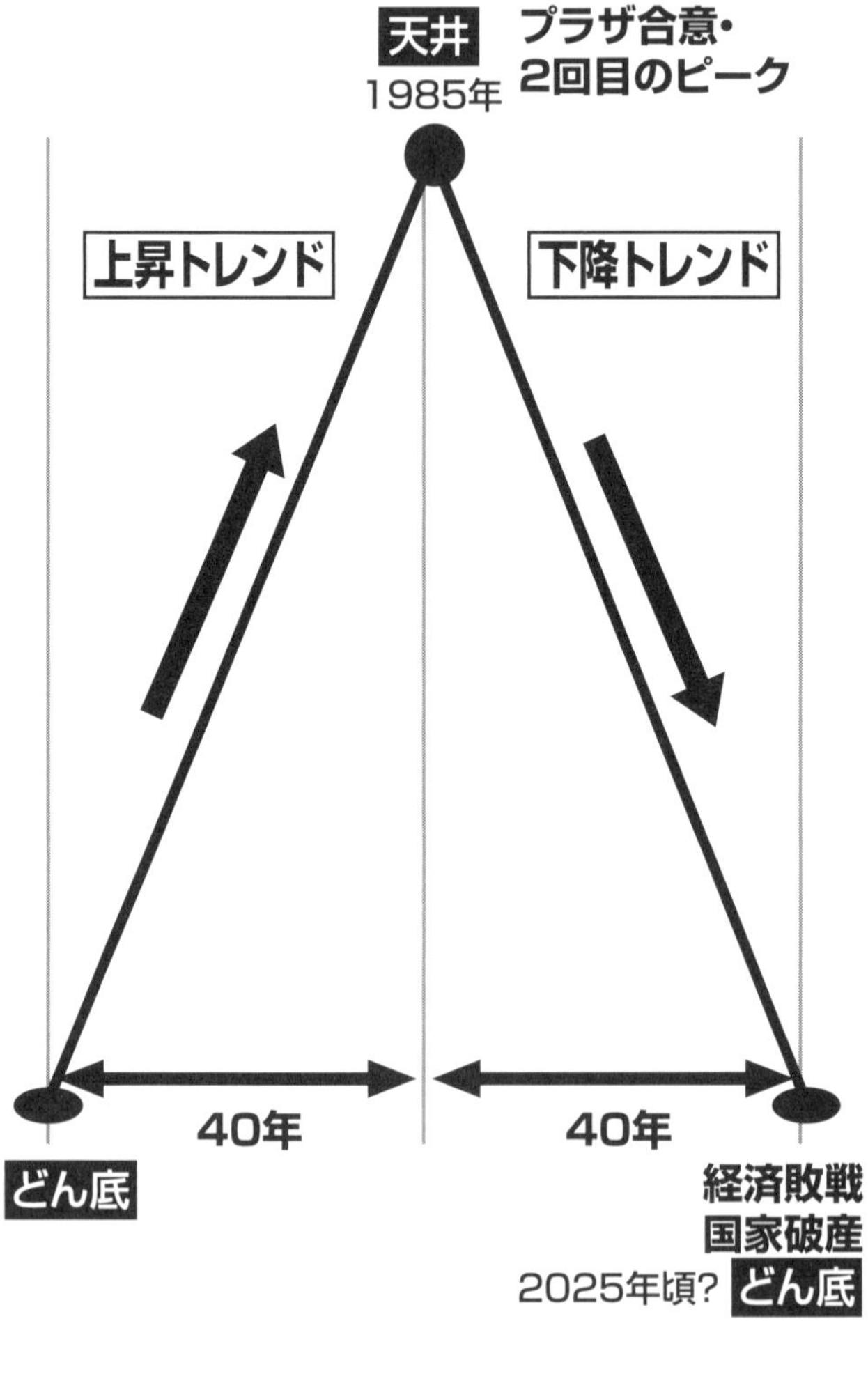

近現代日本は40年（または

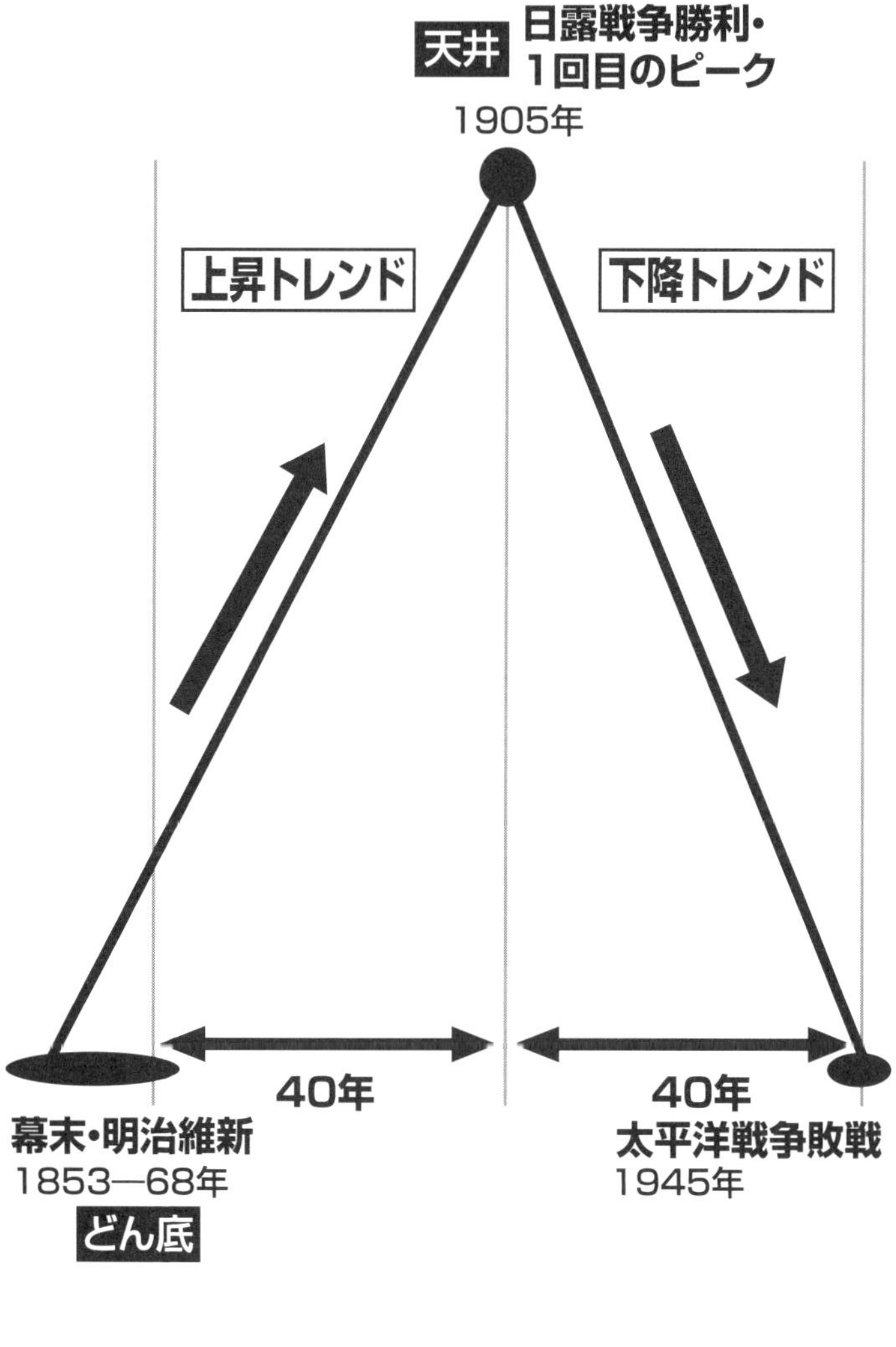

かった。さらに冷夏による凶作が農村部に壊滅的打撃を与え、日本経済はいよいよ厳しさを増して行く。軍部は海外侵出に活路を見出し、それを世論も支持した。かくして日本は、無謀な対米戦争へと突き進んで行ったのである。

そして一九四五年、日本は国家、国民を総動員した挙句に戦争に敗れ、この年の大凶作と相まって食うや食わずの「どん底」に叩き落とされた。日露戦争勝利の栄光から、ちょうど四〇年後のことである。

幕末以来、再び「どん底」に叩き落とされた日本は、ＧＨＱの進駐で政治、経済、社会の再編を進めた。戦後のドサクサの五年間を経て、一九五〇年に勃発した朝鮮戦争で特需景気に沸き、本格的な経済復興が始まる。東西冷戦下の極東最前線という特殊な環境にあって、日本経済はすさまじい勢いで成長して行った。米ソが軍拡競争で疲弊《ひへい》する中、アメリカの核の傘で軍備に費消する必要がなかったことも大きかったのだろう。日本は「エコノミックアニマル」よろしく、経済面で一気に世界一を射程圏に収める邁進《まいしん》を見せた。

そして一九八五年、アメリカ経済を救済すべく主要先進国で交わされた「プラザ合意」に、ついに日本も名を連ねたのである。四〇年前の敗戦時に進駐して来たアメリカに、経済面で救いの手を差し伸べるまでになったのだ。

しかし、そこから再び日本は下り坂を迎える。プラザ合意で急速な円高となった日本は「バブル景気」となり、株、土地が高騰した。「東京二三区の地価でアメリカ全土の土地が買える」などと言われた時代で、振り返れば完全にうぬぼれ、浮かれていたと言える。一九八九年末には日経平均株価が当時の史上最高値を更新し、日本は完全に「お祭り状態」となった。その後に「失われた三〇年」が待っているとは、誰も想像していなかったであろう。

翌年からバブルが見事に崩壊し、いわゆる「失われた三〇年」が始まった。政府は金融機関救済のために財政出動し、債務が急激に積み上がり始めたが、やがて少子高齢化による社会保障費の増大が政府債務の主要因にすり替わり、その額は指数関数的に膨張して行く。

このように見てみると、どん底の一八六五―一九〇五年までの四〇年間は国力の「上昇トレンド」、そして一九〇五―四五年の敗戦までが「下降トレンド」

であった。そして、その「どん底」からプラザ合意のあった一九八五年まで再び「上昇トレンド」になり、今は「下降トレンド」の最終局面にある。

次の「どん底」は、二〇二五年頃だ。その時、どのような事態を迎えるのかは依然として定かではない。あえて言うなら、そもそも財政が疲弊している状態で、「台湾有事・朝鮮半島有事」「東南海・南海地震、首都直下地震」「富士山噴火」という究極の事件に遭遇する可能性も十分にある。そうなれば、一瞬にして〝ご破算〟だ。

栄枯盛衰という普遍的なサイクルを侮《あなど》らない方がよい。このサイクル自体を理解していたとしても、多くの人は「今回は違う（今回こそ違う）」と思いがちだ。もちろん、そうあってほしいが、残酷なまでに歴史は繰り返されている。やはり、ここは歴史のパターン性を無視すべきではないのだ。

二〇二五―三五年は「暗黒の一〇年」か？

「もはやデフレではない」――こういった文言が経済白書に踊りそうな昨今である。本家の「もはや戦後ではない」は、昭和三一年の「経済白書」に載ったフレーズで流行語になった（若い人は知らないだろう）。

一九九〇年のバブル崩壊から日本は、まさに「失われた三〇年」を経験して来たと言ってよい。この間、株価は低迷し、安売り競争（デフレ）が当たり前となって日本経済は確実に疲弊して来た。その半面、欧米と比較しても日本社会は安定を維持しており、その点を評価する声も聞かれる。

そして、ついにデフレが終焉《しゅうえん》を迎えた。二〇二〇年のコロナショックや二〇二二年のウクライナ戦争を契機に、ここ日本でもインフレが根付きつつある。景気やインフレのバロメーターでもある株価も、二〇二四年二月二二日に史上最高値を更新した。そのため、「いよいよ日本も復活か!?」と期待する向きもあるが、私はこれからの日本経済には「暗黒の一〇年」が待ち構えていると予想する。拙著『株高は国家破産の前兆』（第二海援隊刊）で詳述しているが、昨今の株高は将来的な日本の〝財政インフレ〟を暗示している可能性が高い。

歴史を振り返ると、それがたとえ国民を苦しませる〝悪性インフレ〟であったとしても、名目の株価はほとんどの場合で上がっていることが確認できる。古くは戦前のドイツ、戦後の日本、オイルショック時のイスラエル、そして直近では万年インフレに苦しむトルコやアルゼンチンの株価は、圧倒的に強い。

ちなみに戦後の日本の株価（集団取引インデックス）は、一九四六年八月を「一〇〇」とするとそれが一九四九年四月には「六〇九・五」と、およそ六・一倍になった。こうしたことが、日本の〝第二の敗戦後〟に起こる可能性は高い。

少し前のことだが、「日経平均株価はいずれ六三〇〇〇万円になる」と真剣に力説した人がいる。その人物とは、仏ソシエテ・ジェネラルのディラン・グライス氏（現在は英カルダーウッド・キャピタルを運営）。二〇一〇年三月一〇日、グライス氏は自身のコラム「大衆の妄想」（Popular Delusions）で、その時点から一五年後（すなわち二〇二五年）の日経平均株価は六三〇〇万円に達すると予想した。グライス氏がコラムで示した根拠を以下に抜粋したい。

日本政府が国債に対して支払う利子は、わずか一・五％であるにもかかわらず、利払いは税収の二七％に達するという驚くべき金額となっている。政府短期証券（日本の財務省はこれを「債務返済」と定義している）を含めると、その割合は眉をひそめるような五七％という数字に達する（四五ページのグラフを参照）。

政治的抵抗が最も少ない道は、おそらく日本政府が支払える水準に利回りを維持し、かつ金融システムを破綻させない水準で国債を安定させることだろう。このためには、日本のデフレ心理を打破することを目的とした「量的緩和プログラム」という知的カモフラージュの下で、市場が吸収できなくなったあらゆる債券を日銀が買い取ることが含まれるであろう。

経済学者らは日銀が「日本の問題に真剣に取り組んでいる」ことをついに示したものとして、このような一歩を称賛するかもしれない。しかし実際には、これは長期にわたる不安定なインフレへの序章となるだろう。

高齢化が進む日本には、インフレの支持層が存在しないため日銀に対する収益化の圧力が不十分であることがよく指摘されている。ある一定の人口の変動では、医療費の削減を支持する政治的選挙区が存在しないことを証明している。

しかし、日本の税収は現在、「債務返済」と「社会保障」さえカバーしておらず、財政負担は永続的に増大している。したがって短期的に政府財政を安定させるという当初の目的だけであっても、日銀が政府赤字の貨幣化を強制するとそれを止めるのは困難であることが分かる。

日本が国債の最大の保有者となり、最も定期的に購入するようになれば、日本はインフレ軌道に乗るだろう。

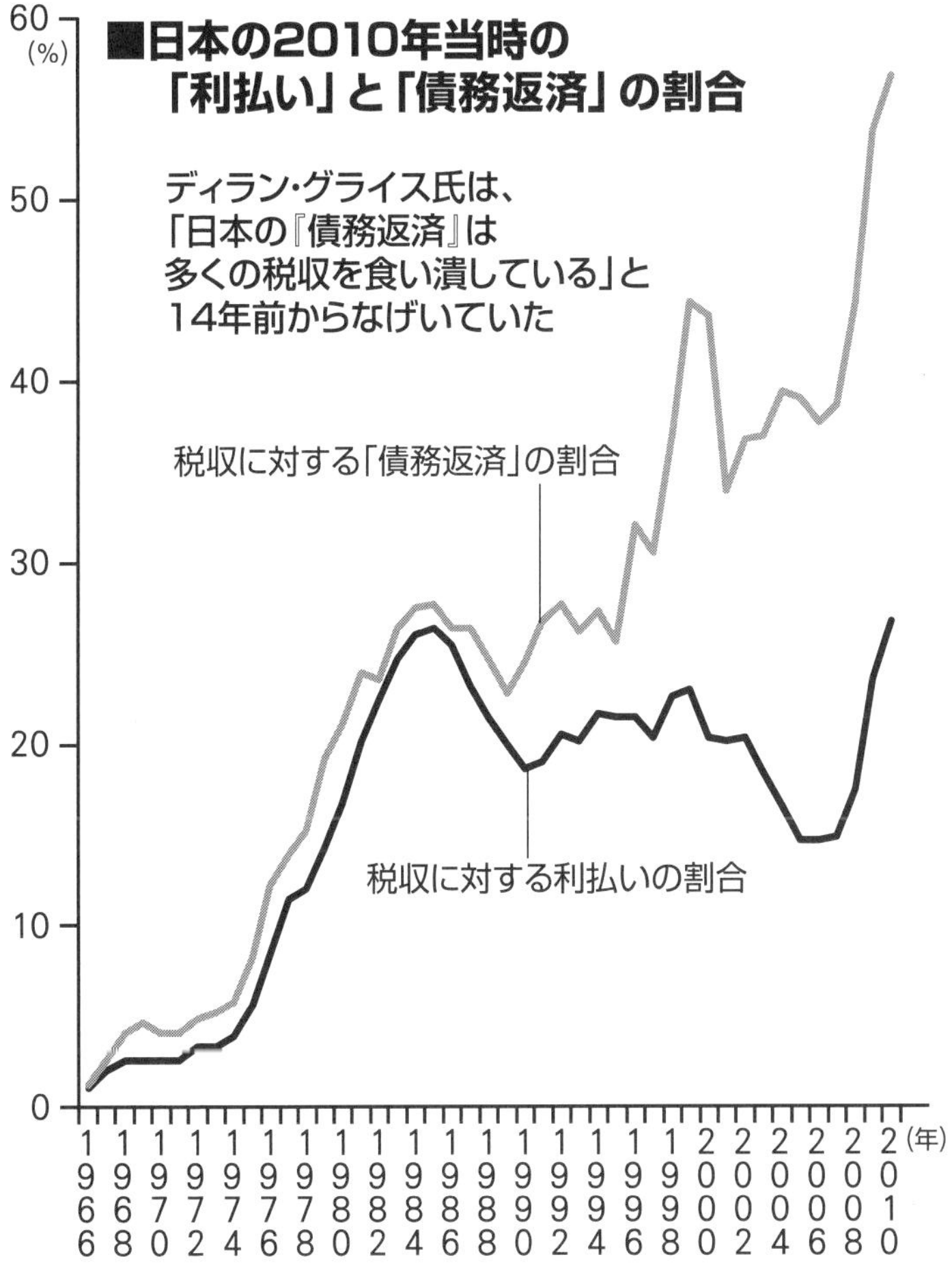

SG Cross Asset Reseach、財務省のデータを基に作成

（コラム「Popular Delusions」二〇一〇年一〇月一五日付
第二海援隊編集部翻訳）

なんという先見性だろうか！　まさに昨今の日本を的確に表現しているではないか。グライス氏は、ハイパーインフレによって株価が六五〇〇倍になった一九八〇年代のイスラエルを引き合いに出し、日本も二〇二五年くらいにはハイパーインフレに陥る可能性が高いとして、当時の日経平均株価が九五〇〇円だったことから、そこから六五〇〇倍をかけて六三〇〇万円になると予想したのである。

仮に二〇二五年に日本が破綻したら、その処理にはどのくらいの時間がかかるだろうか。戦後の日本は、朝鮮戦争の特需という〝神風《かみかぜ》〟によっておよそ六年で困難を切り抜けている。またＩＭＦ危機後の韓国は、その経済的な若さと国民のガッツを武器に、およそ五年で苦境を脱した。

次に日本が〝敗戦〟した際の復興にどれくらいの時間がかかるかは未知数だ

が、率直に言って私は「暗黒の一〇年」を迎えると見ている。ちなみに、前出の日本総研の河村小百合氏の予想はもっと悲惨だ。その詳細は次項で述べるが、私は少なくとも一〇年は立ち直れないと考えている。その間は、ずっと悪性インフレが付きまとう公算が高い。

広く知られているように、円建ての日本国債は究極的には日本銀行がファイナンス（買い支えることが）できる。そのため、デフォルトこそ免れるかもしれない。しかし、その代価として深刻な悪性インフレが襲うだろう。

これを生き抜くには、「米ドル」「金《きん》（ゴールド）」「ダイヤモンド」「ビットコイン」「実物資産（腕時計、美術品）」そして「株」の保有が必須となるはずだ。悪性インフレの際は、兎にも角にも「脱キャッシュ（現金）」が合言葉である。

私が懇意《こんい》にする米ヘッジファンド、ヘイマン・キャピタル・マネジメントのカイル・バス氏は、マイケル・ルイス著の大ヒット小説『ブーメラン　欧州から恐慌が返ってくる』（文藝春秋刊）において将来的なインフレに向けて五セント硬貨（ニッケル）を備蓄していることを紹介し、大きな話題となった。

当時バス氏は、一〇〇万ドルで二〇〇〇〇万枚の五セント硬貨を購入したという。その当時の五セント硬貨のニッケルの価値は六・八セントと、金属としての価値が硬貨の額面を上回っていた。バス氏は、その後も金属の相場が上昇または高止まりすると考えていたようで、少し前にも五セント備蓄を継続していると語っている。私たちもこういう発想を見習いたい。

先に戦後の株価について触れたが、預金封鎖の時も「株」は取引できたのだ。しかも、かつてない活況《かっきょう》を呈《てい》したのである。これは、現金が紙キレと化して行く中で国民が生き抜くための知恵であった。今、「日経平均株価六三〇〇〇万円」と聞いてもピンと来ないかもしれないが、暗黒の一〇年の最中に悪性インフレによって株価が暴騰することは、十二分に考えられることなのである。

「資本規制」や「徳政令」の可能性は十分過ぎるほどにある

国家が破産すると「資本規制」や「徳政令」が当たり前のように実行される。

私が初めてカイル・バス氏に会った際にもらった銀の硬貨。そこには、アベノミクスが実質的に始まった日と共に日本円が燃える姿がデザインされている。（第二海援隊 取材班撮影）

というのも、当局からするとさらなる大惨事を防ぐためにも「資本規制」や「徳政令」は必要なことなのだ。

先ほども述べたが、日本総合研究所調査部主席研究員の河村小百合氏は「財政破綻したギリシャでは二年ほど預金引き出しが週五万円程度に規制された。もし日本が財政破綻すれば、（著者注：ギリシャで実施された週五万円の預金引き出しが二年という）規制はもっと長引く恐れがある」と警告する。

引き出し制限と聞くと戦後の混乱期のそれを思い浮かべる人が多いと思うが、実は近代でも「資本規制」が検討されたことはあった。「山一證券」の破綻に端《たん》を発《はっ》した一九九八年の金融危機の際、キャピタルフライト（資本逃避）が活発化し、同年八月にはドル／円が一四七円台を付けたのだが、ある情報筋によるとこの時、財務省は本気で預金封鎖を含めた資本規制の導入を議論したという。

先にも述べたが、日本の政府債務残高は対ＧＤＰ比で二〇〇％を優に突破しており、太平洋戦争の末期を超える水準だ。もはや、財政危機は時間の問題だとも言えるが、それは円安からスタートする可能性が高い。行き過ぎた円安は国民の不安心理に火を点け、キャピタル・フライトや預金の引き出しにつながる。そこで日本政府は、資本規制の導入を余儀なくされるはずだ。以下、国家破産時に起きることの段階を示しておく。

■「止血剤」（資本規制）
①ＸＸ月ＸＸ日からＸＸ月ＸＸ日の間、入出金を含むすべての銀行の窓口業務を停止する。ネットバンキングもこれに準ずる。
②ＡＴＭ（現金自動預払機）での現金引き出しは、一日五〇〇〇円を上限とする。
③国内で発行された各種クレジットカード、デビットカード、電子決済各種、仮想通貨による決済は一日三〇〇〇円を上限とする。
④国外への現金の持ち出しは、一人当たり二〇万円を上限とする。
⑤国内で発行されたクレジットカードの海外における月間使用額は五〇万円を上限とする。

そして次にやって来るのが、痛みを伴う増税と歳出カットだ。それは以下のようなものになるだろう。それには二一ページの図（ネバダ・レポートの内容として）にも示したが、以下のようなケースが想定される。

■「外科手術」（緊縮財政）

①公務員の総数、給料は三〇％以上カット、およびボーナスは例外なくすべてカット。

②公務員の退職金は一〇〇％すべてカット。

③年金は一律三〇％カット。

④国債の利払いは五―一〇年間停止（事実上無価値）。

⑤消費税を二〇％に引き上げる。

⑥課税最低限を引き下げ、年収一〇〇万円以上から徴税を行なう。

⑦資産税を導入して不動産には公示価格の五％を課税、債券・社債については五―一五％の課税、株式は取得金額の一％を課税。

⑧預金は一律一〇〇〇万以上のペイオフを実施し、第二段階として預金額を三〇％―四〇％財産税として没収する。

今から十数年前に起きたギリシャ危機は、私たちに絶対的な教訓を残している。それは、ギリシャ政府がいとも簡単に国民との約束を破ったということだ。

二〇一五年六月二九日に資本規制の導入を国民に宣言したギリシャ政府は、当初、翌月七日に銀行の営業が再開すると国民に説明していたが、銀行は再開されなかったのである。

「銀行の営業停止は資本統制と同様、一時的な措置として導入されることが多い。だが、現実に信頼感がすぐに回復しない場合、長く続く傾向がある」――『国家は破綻する』（日経ＢＰ社刊）の共同執筆者として知られ、金融危機の歴史に精通するカーメン・ラインハート米ハーバード大教授は、当時の米ウォール・ストリート・ジャーナル（二〇一五年七月六日付）でこう指摘していた。

同じく著者のケネス・ロゴフ氏は、ギリシャの状況と最もよく似ている例として、一九八九年のパナマと二〇〇一年のアルゼンチンの事例を挙げる。当時のパナマでは、銀行が閉鎖された際の引き出し制限は九週間も続いた。アルゼンチンに至っては、一年間も引き出し制限が設けられたという。

そして、資本規制の後に待ち受けるのが「徳政令」だ。最近のケースではキプロスで、資本規制の後に徳政令が実施されている。キプロスでは大手銀行が破綻の危機に瀕したため、二〇一三年三月一六日からユーロ圏では先例のない金融システムの停止措置が導入された。この措置により、キプロスの銀行は同年三月二八日まで営業を完全に停止したため、当然のごとくキプロスの市民生活は大混乱に陥ったのだが、銀行が休業している間、キプロス政府とEU（欧州連合）諸国およびIMFは同国の大手銀行二行（キプロス銀行とライキ銀行）を整理・再編し、一〇万ユーロ超の預金保持者に一定の損失負担を求めることを条件に、最大一〇〇億ユーロの金融支援を行なうことで合意したのである。

そしてキプロス政府は、大手二行の一〇万ユーロ（約一三八〇万円：一ユーロ＝一三八円で計算〈二〇一三年当時〉）以上の預金者に左記の特別税を課した。

■徳政令
①キプロス銀行：個人・法人を問わず一〇万ユーロを超えた預金を保有している人を対象に、一〇万ユーロを超えた分の四七・五％をキプロス銀行の株式に転換。株式に転換した以外のユーロ資産はすべて没収。一〇万ユーロ以下の預金

は全額保護。
②ライキ銀行：個人・法人を問わず一〇万ユーロを超えた預金を保有している人を対象に、一〇万ユーロを超えた分をすべて没収。一〇万ユーロ以下の預金は全額保護。

日本の場合は、これよりもはるかにひどい徳政令が実行されることになるはずだ。なにせ、債務の規模が違う。

日本の家計金融資産二二〇〇兆円の半分以上が「現預金」だ。極端に言うと、これに一〇〇%課税すれば、日本の債務問題はほぼ解消する。政治家にもそうしたインセンティブ（動機）が働く可能性は高く、そう考えると資産のほとんどを預金のまま持っておくのは、やはり危険と言えそうだ。

私は普段から講演会などで「少なくとも生活費三ヵ月分の現金（円と米ドル）を持つように」と忠告しているが、それは預金封鎖や大災害（による大停電）を見越してのことである。アルゼンチンの例（一年間の資本規制）を考慮すれば、三ヵ月分では少なく、もしかすると一〜二年分の現金を用意しておくべきなのかもしれない。

危機こそ「逆張り」——大富豪になるチャンスを逃すな

ここまで、おどろおどろしい話ばかりが続いて来たが、こういう国家破産という巨大イベント（前代未聞の危機）は、見方を変えるとめったにないチャンスだとも言える。

実際、歴史上の多くの資産家は「一〇〇年に一度」と言われるほどの危機で「逆張り」し、後世に名を遺すほどの財を得て来た。古くは南北戦争で「遠くの戦争は買い」という名言を残したアンドリュー・カーネギー、靴磨きの少年から危機を察知して大恐慌直前に売り抜けたジョセフ・P・ケネディ、敗戦後にレーヨンを買い漁って成り上がった森泰吉郎、天安門事件（経済制裁）をきっかけに北京へ進出を果たした李嘉誠《リカセイ》、サブプライムバブルで空売りしたカイル・バス氏などが代表例だ。こうした例は、枚挙にいとまがない。

危機は、最大のチャンスなのである。なぜなら、他の大多数が沈む中、浮かんでいることさえできれば、それだけで相当な財を成せる可能性があるからだ。冒頭で紹介した韓国のＩＭＦ危機でも、サムスン電子やロッテなどが踏ん張ることで躍進を遂げている。その当時、韓国を代表するサムスン電子も深刻な経営危機に陥った。すると当時の会長であった李健熙（イ・ゴンヒ）は、幹部を飛行機に乗せ、地上を見せながらこう喝破したという——「このままではサムスン電子は潰れる。サムスンが潰れたら韓国も潰れるぞ。そうならないためにも女房と子供を除き、すべて取り替えて事業に取り組め」。

こうした断固たる意識改革が実を結び、サムスン電子は世界トップクラスの電子機器メーカーに上り詰める。同じく、ロッテも確固たる地位を築いた。

これらは、極めて困難な危機を生き残ることで躍進を遂げた好例である。

そして、中には浮かぶだけでなくさらに攻めたことで、財閥クラスの富豪になった者も多く存在する。今回は、敗戦後の森泰吉郎の例を取り上げたい。

この森泰吉郎は、「森ビル」の創始者だ。小さな貸ビル業者から大規模デベロッパーへと飛躍を遂げたことで知られる森ビルだが、その原点が預金封鎖（新円切替）にあったということはあまり知られていない。

明治三七年（一九〇四年）、泰吉郎は東京で生まれる。家は米屋のかたわら貸家業を営んでいた。幼少期は病弱であったが、家が裕福だったこともあり、何不自由なく大事に育てられる。「大家さんとこの坊っちゃん」と周囲から呼ばれた泰吉郎は、父の仕事振りを見て大家（のちの貸しビル業）の基礎を学んだ。

そんな泰吉郎には、類《たぐい》まれなる先見性があったという。一九二三年に起きた関東大震災では、実家の所有物件がほとんど倒壊した。しかし、それをきっかけとして、当時としては極めて珍しい災害に強いコンクリート造による建て替えを父に進言する。また、ほとんどの日本人がお腹を満たすことに必死となっていた終戦直後に、焼け野原となった東京を見渡して「貸ビルの需要が増える」と感じたそうだ。

戦後、本業とは別に泰吉郎は人絹（レーヨン）相場に手を出す。レーヨンは戦前から日本の目玉産業であったこと、そして食糧を輸入するためにレーヨンの輸出が活発になる（需要が急増する）と見込んだ。運良く預金封鎖の直前にすべての預金を引き出した泰吉郎は、レーヨンを買い漁る。その後、見事に相場は急騰し、泰吉郎の元金は何十倍にも膨らんだ。その資金を元手に、今度は虎ノ門周辺の土地を底値で拾って行ったのである。

そして、いつしかこう言われるようになった――「都心近くの東側から千葉に行くにはすべて森ビルの土地を通らなければならない」。

戦後のどさくさをチャンスに変えて飛躍を遂げた泰吉郎は、日本の不動産バブルの余韻が残っていた一九九一年と一九九二年に米フォーブス誌の「世界長者番付」で第一位に選出される。泰吉郎はその翌年に亡くなった（享年八八歳）が、まさに怒涛の〝成り上がり〟を演じたと言ってよい。

「危機はチャンス」という言葉は、もはや使い尽くされている感があるものの、結局のところ今もなお有効だ。今までに述べて来たように、国家破産ともなればほぼ例外なくほとんどの企業や人が沈む。それは、今からでは想像もできないほどだ。しかし、そこで踏ん張るか、はたまた逆張りで財を成すかは、あなたの才覚による。

「大勢が間違ったところに立っていることはある」——前出のカイル・バス氏は私にこう言った。日本の財政がまさに危機的な状況にも関わらず、日本人のほとんどは今も危機など来ないと思っている。「大げさな」「危機なんて来ない」などと言われることはしょっちゅうだ。

しかし、何も準備をしていない人はすべてを失うことになるだろう。この世の中に、「フリーランチ」（タダ飯）はない。私は、債務に依存した言わば世界的なバブルは、必ずや破綻すると確信している。

もちろん、そのタイミングを計ることは難しい（遠くはないと思っているが）。そんな今だからこそ、大恐慌の前に繰り返し警告を発したことで知られるロジャー・バブソンに学ぶべきだ。

大恐慌の直前の一九二九年九月五日、バブソンは米ニュー・イングランド地方で開かれた講演会で歴史に残る次のような警告を発した。「私は昨年のこの時期にも、一昨年のこの時期にも言ったこととまったく同じことを、繰り返し強調しておきたい。早晩、破局が訪れる」と。「こいつは頭がおかしい」――この当時、誰もがバブソンの悲観論をあざ笑った。無理もない。バブソンがかねてからの警告を繰り返し唱えたこの日は、ニューヨーク株式市場が当時としての史上最高値を更新した二日後のことである。

それでもバブソンが正しかったことは、のちの歴史が証明した。しかも、バブソンは株価の崩壊だけでなく、その後に訪れる長期不況（グレート・リセッション）までをも正確に予期していたのである。

私も、バブソンと同様の言葉を唱えておきたい――「日本にも早晩、破局が訪れる」と。

第二章　あなたの預金が降ろせなくなる日

——金利上昇で日銀が債務超過となり吹き飛ぶ

いつまでも　あると思うな　親とカネ

（詠み人知れず）

国家の存在とその影響とは？

突然だが、あなたは日常生活において「国家」の存在やその影響を強く意識する瞬間はあるだろうか。おそらく、読者の皆さんの大半は国家を日常生活で明確に意識することはまずないだろう。

たとえばスーパーで物を買う時、電車や車で移動する時、就寝時や起床時に、何か「国家の存在が、国家の関与が働いている」と感じることは、まずないはずだ。もちろん、こうした日常にまったく国家が関与していないということはない。むしろ、「円滑・公正に物の売り買いができる」「安全に移動ができる」「安心して静かに就寝できる」という、一見普通のこうした状態を国家は莫大な予算と歴史を積み重ね、威信《いしん》をかけて担保している。

その意味では、日常への影響は甚大である。ただ、私たちはそうした日常にすっかり慣れ親しんでいるため、「国家」というものを日常ではほとんど意識しなくなっているのだ。

そして、それは実はとても幸せなことである。よく、夫婦が互いを「空気のような存在」などと言うことがあるが、国家と国民の関係もまさにこれに酷似している。多くの夫婦においては、日頃は互いの存在をほとんど意識せず、居心地よく生活できているものだ。しかし、いざ何かコトが起き、あるいは相手がいなくなってみれば、その存在は「空気」のように極めて重要で欠かせないものだったことがわかる。もちろん、平時にはお互い気に入らないことも言いたいこともあるし、実際に言い合いや喧嘩をすることもあるだろう。国家と国民の関係においても、国民は日々平穏に暮らしているが、それでも国の有りようややり方に物申す人も少なくない。ただそれでも、今のところ大多数の日本人はなんとか悪くない日常を送れている。多くの日本人にとって、「国家」とはまさに「空気」のような存在になっているということの現れだ。

しかし、これが有事になって来ると話は大きく変わる。国家は国民に様々なことを要求するようになるし、国民の側も否《いや》が応《おう》でも国家というものの存在やその影響を意識せざるを得ない。

極端な例だが、戦火やまぬウクライナの人々にとって、「国家」は日々痛烈に実感する対象であるに違いない。ロシアからの武力侵攻にさらされ、明日にも自分のいた国がなくなってしまう不安や恐怖に襲われる。国は国民の安全を担保できず、人々には常に爆撃や銃撃による命の危険が付きまとい、静かに寝ることもどこかに移動することもままならない。国は国民に「命を差し出して国を守れ」と要望（あるいは強制）し、また一部の人々は「国家のために自分も何かやろう」と、銃を手に取り、あるいは海外に向けて惨状を発信し協力を乞《こ》う。彼らは日常の中に、揺れ動き失われかねない「国家」と自分との関わりを、否応なく強烈に意識せざるを得ないのだ。

国家が豹変《ひょうへん》するのは戦争だけではない。政治抗争や経済混乱、食糧危機などの理由で国家運営が迷走している国でも同様だ。そうした国では、私たちが当たり前に享受している「安全」や「公正」、あるいは「人権」などといった基本的な概念が通用しない。日常的に暴力沙汰や殺し合いが起き、政治家や役人の腐敗が進んで贈収賄《ぞうしゅうわい》など不正が横行し、商取引においてもモラルが失われ不履行やだまし合いが常態化する。日常の至るところで暴力が振るわれ、社会的弱者や一般庶民は常に虐《しいた》げられ、あらゆる危険にさらされている。

こうした状況では、人々は国家が何もしてくれないどころか、自分たちを利用し、搾取《さくしゅ》し、虐げるだけの存在と感じるだろう。国民にとって国家とは、恐怖と憎悪の対象として日々重くのしかかるのだ。

そして、国家が破産した時も同様に国家は変貌する。平たく言えば、国が資金繰りに行き詰まり、自国経済を制御できなくなるわけだから、なり振り構っていられない。難局を切り抜けるため、国家はあらゆる手段を用いることになる。当然、国民はその影響をもろに受け、日常生活はまったく別のものとなる。

私たちはいつ、国家破産を実感するのか

ところで、私は国家破産の実態とその対策について、長年講演会などを通じ

て多くの方々にお伝えして来たが、その中でよく受ける質問の一つが、「国家破産というのは、具体的にいつ、どのような状態になったことを指すのか」というものだ。国家破産とは、言葉通りに言えば「国の財政が立ち行かなくなった状態」であるから、最も典型的なのは国債がデフォルトした時だ。

償還日に元本を支払えないだけでなく、利払い日に利子が払えなくてもデフォルトとなるわけだが、デフォルトしたからといってすぐさま国民が地獄のどん底に突き落とされるわけではない。また、アルゼンチンなどを見ているとよくわかるのだが、デフォルトした後も債権団やＩＭＦなどとの交渉で時間を稼ぎ、さらに別の国から支援や融資を取り付けるなどという方法で経済混乱を回避する方法も採ることができる。そうなると、デフォルトしたからと言って国民が窮地《きゅうち》に立つかと言えば、経済状況が悪化方向に進むことはあっても食えないほど深刻にはならない、ということも起こり得る。形式的には「国家破産」でも、これは実質的な意味では破綻とは言わないだろう。

また実際には、デフォルトそれ自体は回避する方法がいろいろとある。特に日本のように比較的信用格付けの低くない（今のところだが）、純債権国である場合、デフォルトを回避すること自体はそう難しいことではない。極論すれば、国債償還や利払いの代金を作るために国債を新発し、日銀に買わせればよいのだ。もちろん、直接引き受けは財政法に抵触するため、市中の銀行に一度引き受けさせてから日銀が引き受けるわけだが、この形は日本ではもう十数年以上も連綿と行なわれて来た、いわば「お家芸」とでもいうべき方法だ。

おそらく、この手が通用する限り、日本国債がデフォルトすることは今後もないだろう。では、日本では国家破産が起きないかと言えば、そうではない。狭い意味での国家破産＝国債デフォルトではなく、政府の財政が行き詰まり、その結果として日本円の信認が著しく低下し、紙キレ同然となる、日本経済が危機的な状況に陥るなど、より深刻で広範囲な社会的混乱が生じること、これが実質的な意味での国家破産である。

ただこの場合、明確に「今この時点で国が破産した」と断定するのは困難だ。近年破綻した（あるいは破綻の瀬戸際にある）国々のニュースを見てみると、破綻状態に突入していることを推定できる情報がある時点から急速に増えるため、それをもって「国家破産した」ということはできるのだが、それがたとえば「国債デフォルト」なのか、「インフレ率がＸＸ％を超えた」なのか、「金利がＸＸ％になった」なのかと言えば、そのいずれでもあるし、いずれでもないと言えるのだ。よって、その国の財政・経済・金融の状況が急速に悪化する様々な指標やニュースが出て初めて、その国は「国家破産」しているということができるのだ。

では、私たちは何をもって「この国は破産した」と知ることになるのか。おそらく、その事実を最も実感をもって知るのは「預金封鎖」だ。実質的な意味で国家破産した国では、たいてい預金封鎖が行なわれる。実施の時期はまちまちで、経済も財政も大分行き詰まって「もうそろそろ危ない」と誰もが想定し始める時期に実施されるケースもあれば、何か大きな事件を契機として突発的に行なわれる場合もある。

ただ、どんな場合にせよ「預金封鎖」が起きるということは、その国の金融システムが持続不能に陥っていることの証左《しょうさ》である。人間の体にたとえるなら、命に関わるけがや病気で手術をする際に麻酔を打って意識を遮断《しゃだん》する、あるいは特定部位を止血することに相当する措置で、本来なら二四時間三六五日保たれているはずの「お金の流れ」や「財産権」を一時的にせよ停止するわけだから、極めて重篤《じゅうとく》な措置と言える。

預金封鎖が国民に与えるインパクトは絶大なものだ。なにしろ、「自分の財産が降ろせない、使えない」という極めて切実な国家破産の現実を突きつけられるのだ。何も準備をして来なかった一般庶民にとっては青天の霹靂《へきれき》、パニック必至である。実際に預金封鎖が起きるとどの程度のインパクトを人々におよぼすのか、そして私たちが具体的にどんな目に遭うのか、実際の事例を見て行こう。

預金封鎖の恐ろしさ

先進国での国家破産はそれほど多くの事例はないが、近年起こったものとしては、二〇〇九年の「ギリシャ危機」に端を発したギリシャの実質的な国家破産が挙げられる。

ＩＭＦやＥＣＢからは、金融支援の見返りに極めて厳しい財政再建策を突き付けられたギリシャでは、二〇一〇年以降デモや暴動が頻発《ひんぱつ》し、死傷者も出た。二〇一二年二月には、米格付け会社Ｓ＆Ｐがギリシャ国債の格付けを「選択的債務不履行」に引き下げた。いわゆる「デフォルト」で、あくまで債務不履行は部分的ではあるものの、形式的に見ればギリシャに「国家破産」の烙印が押されたことを意味するものだ。

この年、ギリシャは凄惨《せいさん》な事件が相次いだ。四月には、アテネの議事堂前のシンタグマ広場で七七歳の男性が銃で自殺を図った。遺書には「（政府が）生きる望みを打ち消し、正義も何もない。ごみ箱から食べ物を探すことになる前に威厳《いげん》ある最期を遂げるしか方法は見つからない」（ロイター二〇一二年四月五日付）と書いてあったという。楽天的で自殺などまず考えられないギリシャ人にとって、この事件は衝撃的であった。

さらに一一月には、ギリシャ議会がEUやIMFからの支援の見返りとして財政緊縮案を可決、すると七万人ものデモが発生し、その一部が暴徒化した。その後もデモや暴動が頻発し、ギリシャ国内の治安もにわかに悪化した。

すでにこの時点で、ギリシャは破綻国家特有の「ドサクサ」状態に突入していたと言える。ただ、それでも一般庶民の日常生活は（デモや暴動などキナ臭い事件は多発していたが）まだ維持されていたと言える。しかし、ついに運命の日がやって来た――「預金封鎖の日」である。

二〇一五年一月、左派政党の「SYRIZA」が総選挙で躍進、第一党の座を得ると、右派ポピュリズム政党との連立政権が発足した。首相に就任したアレクシス・ツィプラスは、四〇歳という若さもあって国民の期待も厚く、反財政緊縮政策を強力に推し進めると目された。

しかし、EU、IMFとの支援交渉が決裂することが予想されるや、国内の特権階級や富裕層は一気に資産逃避に動いた。ギリシャの金融システムから大量の資金が流出すると、銀行も営業を継続できなくなる。

そして、いよいよそれは現実となった。二〇一五年六月二八日、衝撃的なニュースが世界を駆け巡った。「ギリシャ 二九日より銀行休止」――私はその一報を、当時滞在していたロンドンのホテルで知ったが、その時のショックはいまだに鮮明に覚えている。

私は本格的な混乱の到来を直感し、すぐに現地取材を思い立った。しかし、すでに重要な予定があったことから自分が行くことは断念し、代わりに特派員を送り込んで現地取材を敢行させた。取材によって得られた現地の生々しい状況は、拙著『ギリシャの次は日本だ！』（第二海援隊刊）にまとめているが、ここでその一部を紹介しよう。

すべてのATMが大行列という異様な光景

（前略）まずはアテネ市内の様子を見るべくタクシーに乗り込んだ。抜けるような青空の下をタクシーが動き出し、窓から入る地中海地方独特の乾いた熱気を感じると間もなく、ある光景が目に飛び込んできた。ホテル近隣のＡＴＭに一〇人ほどが行列していたのだ。週明けの日本のテレビでもすでに報道されていた光景だが、本当に朝から列をなしていて私たちは正直なところ驚いた。しかし、それは序の口だった。その後、街の中心に向けて移動すると、ＡＴＭが設置されている場所には必ず行列ができていたのだ。人通りの少ないバイパス沿いのＡＴＭですら、数人から一〇人前後が並んでいるのである。銀行休止からすでに四日経ち、行列も手慣れたものになっているのか、誰も暴れたり騒いだりはしていない。しかし、これが日常と言わんばかりの整然さが逆に異様な雰囲気を醸し出していた。

中心地のＡＴＭはさらに異様な光景だった。国会議事堂前の広場に面した一角にあるＡＴＭは二、三ｍおきに数台設置されているのだが、どこも一五人ほどが列をなしているのだ。そこからさらに二、三区画ほど歩いてみたが、設置されてあったＡＴＭすべてに列ができており、至るところ「ＡＴＭ行列」という状態だ。

ＡＴＭだけではない。更にすごいのは窓口が一部開かれている銀行で、黒山の人だかりができているのである。ＡＴＭに不慣れな高齢者が引き出しに殺到し、入り口の前で押し問答をしているのだ。それも一ヵ所や二ヵ所ではない。窓口が開いている銀行はどこでもそうなのだ。七月に入った日中のアテネは日差しが特に厳しく、気温は三〇度を優に超える。しかし、その暑さをものともせず高齢者たちは、大きな声で銀行スタッフに食って掛かっている。その周りには国内、国外の取材陣が群がってカメラを向け、インタビューを試みている。この、異様そのものの光景を目の当たりにし、私たちは思わずガイドに尋ねた。「こんな状態で大丈夫なんですか？　パニックになったりしませんか？」ガイドの返答は、「これくらいどうってことないわ。ギリシャではもう日常風景だし、パニックにはならないわ」といたって平静だった。この時点では、国民投票明けの七日には銀行が再開するということだったため、「この騒ぎも一週間程度のこと」として冷静に受け止められていたらしい。そういうものかと騒ぎをよくよく観察してみると、確かにある程度騒ぐと平静を装って立ち去る人も多かった。まだパニックになるほどではない、ということなのか。

しかし、その心中はまったく穏やかではないのだと後で知った。別の日にガイドと同じ話をしたところ、まったく違う答えが返ってきたのだ。「とりあえず一週間で銀行が再開するという話だからみんな落ち着いているけど、果たして一週間で済むかはわからない。もし、この状態（銀行休止・引き出し制限）が何週間も続いたら危ない。間違いなくパニックになる」。（『ギリシャの次は日本だ！』第二海援隊刊）

老若男女、様々な事情や予定、仕事があるはずの人々が、こぞって早朝から遅い時間までＡＴＭに列をなしている、それがいかに異常なことか。また、営業時間中の銀行に人々が押し寄せている様を想像していただきたい。人々が

口々に「私の金を返せ！」「いつになったらお金降ろせるの⁉」と叫んでいるのだ。そうした状況にもし遭遇したら、あなたもきっとこう思うだろう――「私の預金は大丈夫なのか？」「私も降ろしに行かないとまずいのでは？」。

こういう状態を「取り付け騒ぎ」と呼ぶが、パニック的な状況が人々をさらにパニックに陥れるという、最悪の循環ができ上がるのだ。

こうした「取り付け騒ぎ」は、別にギリシャに固有の現象ではなく、古今東西どこでも起こり得ることだ。しかも、国家破産の有事でなくとも起きる。一九七三年一二月には、規模は小さいながら日本で取り付け騒ぎが起きた。「豊川信用金庫事件」と呼ばれるもので、ある女子高生が電車の車内で話した「信用金庫も強盗が入ると危ないのでは」という話を起点に、最終的には「豊川信用金庫の経営が危ない」「職員が使い込みをした」「理事長が自殺した」というデマが広がり、数日でパニック状態になったのだ。

預金者は店舗に殺到し、我も我もと預金を降ろしたという。最終的に、自殺が噂された理事長自らが店頭に立ち、日銀名古屋支店から緊急輸送した現金を店内の見えるところに山積みにして、ようやく事態は沈静化した。

比較的最近では、二〇一三年一二月二五日にも佐賀銀行での取り付け騒ぎが起きている。事の発端《ほったん》は、事件前日の一二月二四日に発信された一通の携帯メールだった。そこには「一二月二六日に佐賀銀行が潰れる」「二五日中に全額下すことを薦める」「信じるか信じないかは自由」という旨が書かれていた。

この微妙な不安心理をあおるメールは次々拡散され、翌二五日になると〝万が一〟と思った人々が銀行に列をなした。結局のところ、単なるデマであったため事態は収束に向かったが、この日だけで一八〇億円、年末にかけて五〇〇億円もの現金が引き出されることになった。

これらは、いずれもある地方都市の一金融機関に限った話であり、しかも単なるデマとわかったからことなきを得ている。しかし、これが政府の財政破綻という確固たる根本原因があり、さらに国内の金融機関で一斉に実施されるものであればどうか。そのパニックは、想像を絶するものとなるだろう。

実際、ギリシャでは預金封鎖が原因で死亡する人まで出た。預金封鎖が始まって間もない二〇一五年七月一日、ＡＴＭに並んでいた五九歳の男性が倒れ、その後死亡するという事件が起きたのだ。長時間の行列に立ち続けたことで体調を崩したと地元メディアは伝えているが、実際当時は夏の盛りを迎え、日中は三〇度を優に超える暑さだったから無理もない。預金封鎖は、命にも関わりかねない一大事なのだ。

アルゼンチン、キプロス、ロシアを襲った「突発性預金封鎖」

それでもギリシャの預金封鎖は、まだマシな方と言えるかもしれない。経済が徐々に悪化して行き、政治が不穏《ふおん》な方向に動いて行く中で発表されたことで、預金封鎖の懸念がニュースでも取り沙汰されていたからだ。なんとなれば、そうしたニュースが出回った時点からでも何らかの対策をすることもできた。実際、事に備えたギリシャ人たちからすれば、「やっぱり封鎖になったか」という思いだったことだろう。

しかし、世界には預金封鎖が突如として行なわれたケースもある。たとえば、二〇〇一年一二月のアルゼンチンの預金封鎖だ。その時の衝撃について、私は現地取材で貴重な証言を得ることができた。その内容は拙著『2026年日本国破産〈現地突撃レポート編〉』（第二海援隊刊）で紹介しているが、非常に参考となるのでここに引用しよう。

「あっという間だった」――。私が二〇一八年にアルゼンチンで取材したガブリエルさん（当時四七歳）はこう二〇〇一年のデフォルト危機を振り返った。元マーケット分析会社の副社長で、取材当時はドライバーとして生計を立てていたガブリエルさんに私は率直に「二〇〇一年当時、どのようなスピードで経済がおかしくなったのか？」と尋ねたところ、冒頭の答えが返ってきた。

「夜、彼女と美味しい物を食べて、翌朝着飾ってデートに繰り出し、その翌日に目を覚ますと、〝カオス〟になっていた」とガブリエルさんは回想した。三日ほどの間に、考えられないくらい混沌とした世界へ急変したという。

ガブリエルさんが副社長を務めていたマーケット分析会社は、それなりに売上があり従業員も六〇人強と、名実共に中堅どころであった。しかし、「あそこの会社は、支払いもままならない」といったありもしない噂を立てられ、八ヵ月後には倒産してしまったという。

当時、法人としても個人としても銀行口座に多くのお金を入れたが、二〇〇一年一二月のバンクホリデー（預金封鎖）によって、一切の身動きが取れなくなったとガブリエルさんは語った。

彼は困惑した表情で「あっという間に会社も、家族も、家も愛車も失った。一米ドル＝一ペソの固定相場が崩壊し、いきなり一米ドル＝一〇〇ペソになった時は意味がわからなかった」と話してくれ、「今も、すべてを失ってしまったその時の状況がトラウマになっている」と告白してくれたのである。

「国（政府）も銀行も信用できない」と言い切るガブリエルさんは、いかに米ドルの現金を持つことが大事かということを何度も強調した。今でも富裕層の多くは海外に口座を持ち、出張だのと言い張っては米ドルを預金しに海外へ渡航しているという。彼自身も、いざという時のために米ドルの現金をベッド（マットレス）の下に隠しこんでいると白状した。

取材中、ガブリエルさんは「悪いことの後には、必ず良いことがやってくる」と、自分（アルゼンチン人）に言い聞かすように繰り返していたのが印象的だったのを私は覚えている。彼は、それは「五年周期」だと言い、「今は、良い方向に向かっているタイミングだ」と笑顔で去って行った。

（『2026年日本国破産』〈現地突撃レポート編〉第二海援隊刊）

もちろん、それまでのアルゼンチン経済が盤石《ばんじゃく》だったわけではない。一九九

八年のアジア通貨危機とロシア危機以降、アルゼンチン経済も危険な状況が続いていた。ただ、対ドルの固定相場制を布《し》いていたアルゼンチンペソは、見せかけの安定を謳歌《おうか》していた。

この実力に見合わない通貨安定のツケは、〝高インフレ〟という形でアルゼンチン経済を徐々に押し潰して行った。実質経済成長率はマイナスが続き、失業率も上昇、公的債務が累増し、いよいよ国債のデフォルトも噂されるようになった。そうした中で、突如として預金封鎖が実施されたのである。

アルゼンチンの経済動向を時系列を追ってよく注視していれば、この預金封鎖もまったく予見できないことではなかったかもしれない。しかし、それは事が起きてからの「後付け講釈《こうしゃく》」である。前掲のインタビューに答えてくれたガブリエル氏も、会社役員を務めるほどであったから自国の経済に疎《うと》かったわけではないだろう。そうした人ですら「翌朝、すべてを失っていた」と言うほど、いきなりの出来事だったのだ。おそらく、よほど前から周到に対策していた人でなければ、この衝撃に耐えることは難しかったに違いない。

第一章でも触れたが、キプロスでも二〇一三年三月に同様の「突発的預金封鎖」に見舞われている。キプロスはトルコにほど近い地中海に浮かぶ島で、主な産業と言えば観光くらいであったが、二〇〇〇年代に入ると金融業を強化した。高金利、低税率を売りにしたオフショア金融センターを創ると、ロシアをはじめ多くの海外資金を誘致することに成功する。高い利回りを維持するため、民族的にも関係が深かったギリシャの国債や企業融資を手厚くしていたが、これが仇《あだ》となった。ギリシャ危機の影響が直撃したのだ。

二〇一二年六月にはEUに支援を申請するも、キプロスには国際的な金融犯罪の疑惑があった。そのためかは定かではないが、支援交渉は進展しなかった。そうこうしているうちに、運命の二〇一三年三月がやって来る。銀行資金がいよいよショート目前となったキプロスが再度EUへの救済を求めると、EUとIMFは過酷な条件を提示した。それは、一〇〇億ユーロの救済資金を出す代わりにキプロスの預金者にも五八億ユーロの負担を求めるというものだった。

キプロス政府に選択の余地はなかった。条件を飲まなければ銀行は完全に行き詰まる。主要銀行が倒産すれば、ＧＤＰの八倍もの銀行資産が毀損《きそん》する。そうなれば、キプロスの金融・経済は完全に崩壊する。結局、五八億ユーロもの預金者負担は、突然の預金封鎖という形で実施されることとなった。

封鎖している間に預金者への負担策が協議され、一〇万ユーロを超える預金をすべて没収（ライキ銀行）、あるいは半分強を没収し残りは銀行株に転換（キプロス銀行）するという措置が取られた。これによって、当時キプロスに預け入れられていたとされる、莫大な金額のロシア富裕層の資産が没収された。

キプロスの事例は、二〇〇〇年代に金融産業化を進めた国々（アイスランドも同様）で起きた壮大なマネーゲームの典型的な帰結だったのだが、そのとばっちりは直接の恩恵を受けてこなかったキプロス市民を直撃した。ウォール・ストリート・ジャーナルは、その時の混乱振りを次のように伝えている。

アンドリアス・イアーニさんは、キプロスの首都ニコシア中心部で来客の多いガソリンスタンドを経営する。そして、給油を待って列を

作る客に対し、切実なお願いをしている。現金でお願いします、と。

イアーニさんは二〇日、商売を続けるためにガソリンの供給確保に、代金の約三分の一に相当する二万二〇〇〇ユーロ（約二一〇万円※当時のレート）を現金で前払いしなければならなかった。イアーニさんは今、在庫を補充するために十分な現金を調達する必要がある。

キプロスでは二一日、銀行閉鎖六日目となり、同国の経済は現金ベースの急激なダイエットの真っただ中にある。国民の購買力は、現金自動預払機（ＡＴＭ）からの毎日の引き出しが認められている限度額以下に抑えられている。

同国の政治家が欧州連合（ＥＵ）との新たな救済策交渉に努めるなかで、同国のよろめく金融システムの将来をめぐって不透明感が強まっている。商店はおおかた小切手での買い物を拒否し始め、窮境にある銀行口座とつながっているデビットカードやクレジットカードでの決済に対する不安がますます高まっている。（中略）一方、キプロスの一般国民は必需品以外は購入を避け、できるだけ可能な限りの現金をＡＴＭから引き下ろすために、ＡＴＭ前に列を作って待っている。

化粧品輸入会社の経営者、ギオルゴス・キリアキデスさんは二一日朝、キプロスのライキ銀行のＡＴＭに並びながら、「明日になったら何も引き出せないかもしれないのでここにいる」と話した。

商店や小規模企業の大部分は引き続き営業を続けているが、取引がすべて現金にシフトするなかで、経営者が業務のやり方を調整しつつあり、経営者の多くは新規の仕入れについては縮小せざるを得ないと話している。

家族経営のスーパーマーケットを営むキリアコス・パパイアニスさんは、現金をなるべく使わないように一部商品については少なめに仕入れているという。パパイアニスさんは二一日、通常仕入れるよりもずっと少ない赤ちゃん用の粉ミルクの仕入れに四〇〇ユーロの現金を支払った。ある年配の女性がパパイアニスさんの事務所に来た。ライキ銀行の一七〇ユーロ分の小切手で食品を買い、残りは現金でもらえるかと尋ねると、パパイアニスさんは即座に、「あり得ない」と答えた。この女性は何も買わずに出て行った。

また、レストランと売店を経営するサキス・シアコポウロスさんは、支払いのために物々交換を行なっている。シアコポウロスさんは、ギリシャの肉の供給元が銀行振替での支払いの代わりにキプロス産ハルミチーズを送ることで合意してくれたと話す。

シアコポウロスさんは「もし私があなたに小切手を渡しても、私が明日も生き続け、破産していないかどうかは誰にもわからない」と話した。同氏はその後、急いで売店に戻り、たばこの卸業者に五五〇ユーロをもちろん現金で支払った。

商店がクレジットカードやデビットカードの受付を停止するのではないかとの懸念が広がるなかで、国民の多くが二一日夜、できるだけ多くの現金を引き出そうとATMに駆け付けた。（後略）

――（ウォール・ストリート・ジャーナル二〇一三年三月二二日付）

もう一つ、突発性の預金封鎖が起きた例を見て行こう。一九九八年、ロシア財政危機だ。一九九〇年のソ連崩壊に端を発し、急速な市場経済の導入と金融自由化を進めたロシアだったが、経済・財政運営はまだまだ未熟であった。一九九三年には、荒れ狂うハイパーインフレの対抗策として突如として旧紙幣の使用停止と通貨価値を一〇〇〇分の一にする事実上の「デノミ」が実施され、ロシア国民は地獄に突き落とされた。その後、市場開放によって大量のマネーがロシアに流入すると、ロシア経済はにわかにバブル的な様相を呈した。新興富裕層が次々と誕生し、投機的な取引が盛んに行なわれるようになった。

しかし一九九七年になると雲行きが変わる。タイバーツの暴落に端を発し、ドルペッグ制を採用していたフィリピン、韓国、シンガポール、マレーシア、インドネシアの通貨が軒並み暴落した。「アジア通貨危機」である。

その影響はロシアにも波及した。一九九八年、世界経済の悪化によって、天然資源に依存するロシアは急速に財政が悪化した。急速な投資家心理の冷え込みにより、バブル的な様相を呈していたロシアの株式、通貨ルーブルのみならず、ロシア債券も売り込まれた。ルーブルを買い支える資金も維持できないロシアは、ＩＭＦからの緊急支援に頼らざるを得なくなった。しかしＩＭＦの救済措置をもってしても、状況を打開することはできなかった。

一九九八年八月一七日、ロシア政府とロシア中央銀行は、ついに対外債務の九〇日間支払い停止を発表する。「デフォルト」である。そして同時に、預金封鎖も実施した。それまでロシアはバブル的な景気浮揚に包まれ、人々はロシア経済がようやく危機を脱したと感じていた。そこそこの高金利が得られることもあって、銀行に対して疑い深かったロシア国民もなけなしの資産を銀行に預け入れるようになっていた。そこに来て、突然の預金封鎖である。ロシア国民が受けた衝撃は、計り知れないものだった。

一夜にして全財産を失った人々が続出、自殺を図る高齢者も多く出た。さらにむごいことに、銀行では預金のみならず貸金庫の中身まで没収されたのだ。

預金封鎖は2つのパターンがある

一般的な預金封鎖

財政破綻、経済危機などにより、資産流出が加速しその国の通貨や金融システムが危機的な状況に陥ることで実施される。
様々なドサクサが起きた後に預金封鎖が実施されるため、「気が付いた人」は次々と預金封鎖対策を行なう
例）ギリシャなど

突発的預金封鎖

事前の混乱などがなく、唐突に実施される預金封鎖。
預金封鎖の予兆となる出来事がほとんどなく、対策を事前に行なうことが困難。
例）アルゼンチン、キプロス、ロシアなど

私は、二〇〇一年にロシアで国家破産の取材を行なったが、その時現地の中年女性から聞いた話があまりにも衝撃的で今でも忘れられない。

「国が破産したのだから、私たちの財産がなくなったのは仕方がない。でも、あまりにもとんでもないコトが起きたために、皆の頭がおかしくなってしまった。何よりも、それが一番、怖いことだった」

（『国家破産ではなく国民破産だ！〈下〉』第二海援隊刊）

何度も国家に裏切られ、財産を失ったロシア国民が精神を病んで行く姿を見て恐怖を味わったのだろう。それは、「地獄」とたとえることも難しいほどの、想像を絶する世界であったに違いない。

突然の預金封鎖によって、アルゼンチン、キプロス、ロシアのいずれにおいても庶民生活は大混乱に陥った。命を繫《つな》ぐために必要な物資ですら手に入れることがままならない状態は、私たちには到底想像がつかないものだ。

どんな国においても、預金封鎖は人々をパニックに陥れる。そしてそのパニックの最中に、最悪命を落とすことすらあり得る。国家が破産に近付いた時、まず何より注意すべきなのは、この「預金封鎖パニック」に適切に備え、衝撃に耐えることなのだ。そのために必要なのは、「手元の現金」や「現物資産」である。その具体的な内容については、『国家破産であなたの老後資金はどうなる⁉ 下』の章で詳しく解説して行く。

自分の銀行預金がどんどん減って行くという恐怖

このように、預金封鎖は国民生活全般に甚大なパニックをもたらす措置であることがよくわかったことだろう。しかしながら、国民の財産を完全に凍結させるこうしたやり方は、あくまで一時的なものでしかあり得ない。長期に亘って実施すれば経済は完全に停滞し、国民生活は崩壊してしまうだろう。

そうなれば、政府に対する国民の不満は爆発し、政権転覆《てんぷく》の憂《う》き目を見ることにもなりかねない。したがって、事態がある程度鎮静化すれば金融システムや経済、財政の立て直しに向けて封鎖解除がなされることとなる。その期間は、数週間から長くても数ヵ月程度が一般的だ。

また、預金封鎖の実施期間中も預金全額が完全凍結され、一切引き出しができなくなるということはそう多くない。少額ながら一日の「引き出し上限」が設定され、何とか細々とはやりくりできるようにはなっていることが一般的だ。実際、ギリシャの預金封鎖時には一日六〇ユーロの引き出し上限が設けられていた。キプロスの場合、三月一六日から銀行が休止し、その間は実質的に完全な封鎖になっていたようだが、三月二八日に銀行が営業再開すると一日当たり三〇〇ユーロを上限として引き出すことができるようになった。日本においても、昭和二一年に実施された預金封鎖では実際には完全な封鎖ではなく、一世帯一ヵ月当たり五〇〇円の引き出し制限という形で実施されている。

では、引き出し制限であればまだマシかと言えば、そんなことはない。なにしろ、雀《すずめ》の涙ほどの少額しか引き出せず、まとまった資産を動かすことは到底できないのだ。単に動かせないだけでは事は済まない。その間にインフレが高進すれば、預金の価値はみるみる減価して行くことになる。

さらに、財政再建のために財産税がかけられることになれば、封鎖された預金から直接税金を徴収され、額が大幅に減少することも十分にあり得るだろう。

国家に人質に取られた財産がどんどん減って行く恐ろしさ……それは、預金封鎖のパニック的な恐ろしさとはまったく異質の恐怖と言える。

日本で実際に行なわれた預金封鎖

その恐怖が現実のものとなった最たる例が、一九四六年にこの日本で実際に行なわれた預金封鎖だ。終戦後から加速した高インフレに対処するため、一九四六年二月一七日に「金融緊急措置令」が公布・施行され、「預貯金の封鎖」に加えて「新円への切り替え」「財産税の課税」という、「トリプルパンチ」が実施されたのだ。これによって、まず国民は預金封鎖のパニックに陥った。銀行には、取り付けの群衆が殺到した。

また、新円への切り替えによってタンス預金の旧円は文字通り「紙キレ」となった。最大九〇％という「財産税」によって国民財産は徴収されたが、これは皇族や財閥が主体であったため、富裕層にとっては高い税負担ではあったもののの致命的な状況に陥る例は多くなかった。

ただ、預金封鎖による引き出し制限は財産税の徴収完了までとされ、実際に封鎖が解除されたのは一九四八年七月のことだった（しかも解除されたのは「第一封鎖預金」と呼ばれる少額預金部分で、高額預金に当たる「第二封鎖預金」は解除されなかった）。

実は、一連の「トリプルパンチ」を実施したものの、狙《ねら》いの高インフレが収束することはなかった。結局、封鎖している期間も高インフレの嵐は吹き荒れ、最終的にGHQが立案した「ドッジ・ライン」と呼ばれる財政緊縮政策が、一九四九年三月に施行されるまで続いた。その間、封鎖されていた預金は、みるみるうちに減価して行ったのだ。

「資本移動規制」の本当の恐怖

自分の財産が自由に動かせない、使えない

だけではない

規制下でのインフレによる資産価値の毀損

財産税による強制的な徴収

没収、強制的な円転

など

「資本移動規制」の本質は、国民の所有する財産が事実上失われることにある

実際、終戦直後のドサクサを知る高齢者の方たちから話を聞くと、かなりの確率で「円が紙キレになった」という恨《うら》み節《ぶし》にも似た話が出て来る。当時の人たちにとっては、八〇年近く経った今でも鮮明に思い出すほどの強烈な出来事だったのだろう。そして必ずこう締めくくられる――「国も銀行も、信用するものじゃない」。もちろん、今でも国や銀行をまったく信用せず、利用しないというわけではない。ただ、いざとなれば簡単に国も銀行も裏切るということを、彼らは身に染みてわかっているのだ。

さて、戦後の日本では約二年半に亘る引き出し制限が実施されたが、もし仮に現在の日本が国家破産し、引き出し制限が実施された場合、どれくらいの期間におよぶのだろうか。これは、明確な目安などがないためあくまで推測になるのだが、私は今回行なわれるだろう引き出し制限は、極めて長期におよぶ可能性があると見ている。なぜなら、日本ほど深刻な政府債務残高を抱えていない国々でも、引き出し制限は長期に亘って行なわれているからだ。

アイスランドの国家破産

非常に参考となる例は、アイスランドの国家破産だ。アイスランドもキプロスと同様に、二〇〇〇年代に急速な金融立国化を目指した国家の一つだ。その背景には、東西冷戦の終結がある。

冷戦時代のアイスランドは、主だった産業が漁業しかない貧しい国だった。唯一、東西冷戦の要衝として米軍の駐留基地があったことが救いであったが、冷戦終結によって駐留基地としての重要性が低下、生き残りを図るべく産業構造の大転換を余儀なくされた。自立経済に向けて地熱発電などを利用したアルミ精錬産業が発達、その後には海外との資本規制を撤廃し、金融機関を民営化、通貨クローナを変動相場制に移行し、金融自由化を行なった。

前述のキプロスと同様に、アイスランドも国際資金の誘致に向けて積極的に高金利政策を推進し、折しもサブプライムバブルが追い風となってアイスランドの金融産業は大いに活況を呈した。二〇〇六年には、わずか人口三二万人の小国にGDPの八倍もの資産が集まった（しかも、借入もGDPの六倍と破格の規模だった）。クローナ買いが加速し、マネーは国債のみならず株式市場にも流入、四年半で五倍の高騰を見せた。

しかし、運命の時はやって来た。サブプライムバブルの崩壊に続き、二〇〇八年にはベア・スターンズ、リーマン・ブラザースの破綻によって金融危機が発生すると、アイスランドの金融システムは一気に逆回転を始めた。高金利通貨クローナは売り浴びせに遭い暴落、株式市場も壊滅的な下落を見せた。

最終的に株価は一〇分の一、通貨クローナは半値に暴落し、アイスランドの庶民生活は深刻な危機に陥った。インフレ率が一七・一％に跳ね上がり、ローン返済の負担なども重くのしかかったのだから無理もない。

実際、危機が起きた二〇〇八年から経済が底を打った二〇一〇年で比較すると、実質GDPは一〇％強減少している。また失業率は、三・三％から八・三二％と倍以上に跳ね上がった（IMF調べ）。人口が三〇万人の国で、四万人もの人が住宅ローンの返済不能に陥ったという。さらに、国民の三分の一が住宅や金融資産など、何らかの資産を失ったという報道もある。

このような深刻な経済危機により、主要銀行三行の経営が悪化し、その一角であるカウプシング銀行が事実上のデフォルトに陥ると、アイスランド政府は三行とも国有化に踏み切った。しかし、最終的には国民投票の結果に従って銀行を救済せず、破綻させた。

アイスランドに多額の資金を投じていたイギリス、オランダはこれに猛烈に反発、国交断絶をちらつかせて圧力をかけたが、それに動じることもなかった。なにしろ、当のアイスランド国民にしてみれば、危機に陥るまでは壮大なマネーゲームの蚊帳の外だったのだ。銀行ばかりが大量の英蘭マネーを預かってぼろ儲けし、国民はその恩恵にあずかることはわずかであった。それなのに、風向きが変わって破綻したら税金で救済するなど、まったく道理に合わない話である。国民が銀行救済に「ＮＯ」を突き付けたのは、ごく自然の帰結だった。

しかしその決断によって、アイスランド国民は長期におよぶ銀行の資本規制を甘んじて受けることとなった。二〇〇八年一一月から二〇一七年三月までの八年四ヵ月に亘って、引き出し制限や資本移動規制が行なわれたのである。

金融危機時の経済政策で状況は変わってくる

一方の、キプロスやギリシャではどうか。両国でも、引き出し制限の解除には年単位を要している。ギリシャの場合、二〇一五年七月の預金封鎖から現金引き出し制限の解除までには三年、資本移動規制の解除まで四年あまりを要した。キプロスでもバンクホリデー（預金封鎖）以降、現金引き出し制限や小切手の利用制限、銀行間送金の制限などが行なわれていたが、三年近くの年月を経てようやく規制解除となっている。

このように、引き出し制限や資本移動規制は少なくとも数年単位で実施されることとなるが、気になるのはなぜアイスランドはこれほど長期の資本移動規制が行なわれ、ギリシャやキプロスが二―三年で済んだのか、という点だ。

これは、危機に対応する経済政策の違いが大いに関係していると考えられる。まず、ギリシャやキプロスはＥＵ加盟国であるため、「ＥＵのルールに従う」必要があった。必然的に、ＥＵやＩＭＦが要求する厳しい財政緊縮策を採用せざるを得ず（ギリシャでは財政緊縮に反対してデモや暴動が起きたが）、その代わりに充分な金融支援を受けることができた。金融システムが混乱に陥るリスクが十分に低下したことで、比較的早期に資本移動規制を解除できたということだ（それでも二―三年単位での時間がかかったが）。

一方のアイスランドは、ＥＵ非加盟であるため他国からの「ルール」の強制力は相対的に弱かった。また、国民が財政緊縮策に強硬に反対し、また破綻した銀行の救済にもＮＯを突き付けるなど、ＩＭＦやＥＵなどの支援方針を拒絶する姿勢を貫いた。主要銀行を破綻させ、銀行経営者を逮捕するなどした一方で、相対的に緩和的な経済政策を実施した。ＩＭＦからの金融支援は受けたものの、大半は自力で債務整理、財政再建を行なわざるを得なかったことで、資本移動規制も長期に亘らざるを得なかったということだ。アイスランド国民は、

ＩＭＦなどが要求する財政緊縮を拒絶する代わりに、不便な資本移動規制を選択したと見ることもできるだろう。

再建への道のりが極めて厳しい日本

では、日本が国家破産した場合はどうなるだろうか。少子高齢社会を背景に社会保障費が慢性的に膨張し、加えて二〇〇八年の金融危機、二〇一三年以降のアベノミクス、二〇二〇年の新型コロナウイルス蔓延《まんえん》による経済対策など、有事の都度《つど》莫大なばら撒きを行なって来た日本政府は、いまやどんな時代のどんな国とも比較にならないほどの天文学的債務を抱えるに至った。

ここに何らかのインパクトが加われば、アイスランドやギリシャ、キプロスのように、あっという間に財政破綻に陥ることだろう。そして、その後に待ち受けるのはＩＭＦやＥＵなどによる手厚い救済と監視ではなく、アイスランドのような長きに亘る自力での債務整理という「地獄の日々」だ。

前述した日本総合研究所で金融、公共政策を専門とする主任研究員・河村小百合氏も、日本の天文学的債務の「行き着く先は（中略）アイスランド等の例と同じ『通貨の信認の喪失』という事態、言い換えれば『国内債務調整＋資本移動規制』になるだろう」と指摘する（プレジデントオンライン二〇二〇年一二月二四日付）。しかも、長期に亘る資本移動規制が伴う可能性は高いと指摘しているのだ。その理由を、河村氏はこう指摘する。

わが国の現在の財政事情は、アイスランドが危機に突入した二〇〇八年時点よりもはるかに悪い。アイスランドと同様に、ＩＭＦを除けば、どこの国にも助けてもらえる立場にはないわが国は、おそらく、自力でまともな財政状態を回復できるまで「国内債務調整＋資本移動規制」状態を継続せざるを得なくなるだろう。その期間は、八年よりも相当長くなる可能性が高い。そのために必要な財政緊縮の幅も大きくならざるを得ず、（中略）アイスランドの例よりも、もっと大幅な増

税を、幅広い税目について断行せざるを得なくなるだろう。

その際、歳出の面でも冷静に議論する時間的な余裕はなくなり、年金等の社会保障支出等も含めて〝一律何割カット〟といった乱暴な方法で削減される可能性が高い。それは収入や資産に余裕のない弱者にとって、厳しい負担を強いるものとなってしまうだろう。

（「日本の財政が破綻すれば、週五万円しか引き出せない日々がずっと続く」　プレジデントオンライン二〇二〇年一二月二四日付）


EU非加盟で、IMFや北欧諸国などからの限られた支援で財政再建を進めたアイスランドと同じく、日本も助けてくれるのはIMFくらいになると考えられる。しかも、GDP比の債務残高は当時のアイスランドよりもはるかに巨額であり、必然的に八年かかったアイスランドよりもさらに長期に亘って規制をかけ続ける必要があるということだ。まさに、「日本の財政が破綻すれば、週五万円しか引き出せない日々がずっと続く」というわけだ。

金融危機時の経済政策と資本移動規制の期間

ギリシャ、キプロスなど

IMF、EUの手厚い金融支援
厳しい財政緊縮策

資本移動規制：2－3年程度

アイスランド（日本もこちらか？）

金融支援はIMFからのみ
大半は自力での債務調整、
財政再建
財政緊縮策を取らず、
比較的緩和的な政策を実施

資本移動規制：8年4ヵ月

河村氏はその立場上、どの程度の期間続くかを明言していないが、私は少なく見積もっても二〇年は引き出し制限、送金制限などの資本移動規制が続くだろうと見ている。二〇年もあれば、その間のインフレ高進で国民が保有する資産価値は大幅に下落し、その代わりに政府債務の実質価値も大きく減殺されるだろう。あるいは、強力な資本移動規制下で大増税や財産税といった大ナタを振るい、一気に債務を圧縮するという手も使えるだろう。

いずれにしても、日本の場合は借金の規模が桁外れなだけに再建への道のりは極めて遠く、そして厳しいものになることを覚悟せねばなるまい。

資本規制の恐ろしさ

ここまで見て来ておわかりだろう。預金封鎖から始まり、引き出し制限や送金規制など国民資産に対する強力な規制が始まれば、私たちの財産は事実上私たちのものではなくなるのである。自分の財産を自分の手元に戻すことも、誰かに払うことも、移動することすらもままならないというのは、まさに生き地獄そのものだ。それだけにとどまらず、他にも国家が国民資産に対して規制を強化する手立ては、いくつも考えられる。

①外貨保有規制

一九九六年の「金融ビッグバン」以降、日本では個人が外貨建て資産を保有することは原則自由化され、今では様々な「外貨建て金融商品」を資産として持つことができる。「外貨預金」「外貨ＭＭＦ」「外国株式」「外貨建て投資信託」「外貨建て年金保険」「ＦＸ」など、挙げればきりがないほどだ。

しかし、財政破綻によって政府債務を調整する過程では、こうした外貨建て資産の保有を制限するといった規制が実施される可能性も十分に考えられる。

たとえば、あるタイミングで政府が指定するレートで外貨建て資産を強制円転させられる、といったことはあり得ると考えられる。こうした措置が採られる時、政府の「指定レート」は大体市井《しせい》のレートより大幅に不利であることが一般的だ。事実上、外貨建て資産に課税されているようなイメージになるだろう。「そんなムチャクチャなことあり得るか⁉」とお考えの方もいるだろう。しかし、私たちが本格的に外貨建て資産の保有ができるようになったのは、わずか二十数年前の一九九八年に外為法が改正されてからのことなのである。

一般的に、国家の中で使用できる通貨はその国の法定通貨のみであり、日本の場合は日本円のみとなっている。商取引においても原則は日本円を使用する決まり（ただし、一部の店舗や商店街などでは紙幣に限って使用可能とするなど例外もある）だが、外貨建て資産を個人が広く保有できるようにしたのは金融規制を緩和することで市場を活性化、国際化することが狙いだった。

逆に、国家破産の有事になり、個人の外貨保有を認めることが資産の国外流出など財政再建の足かせになるようであれば、そこに規制を強化するのはごく自然な道理である。

②金《きん》（ゴールド）などの没収

有事に国家が目を付けるのは、何も外貨建て資産だけではない。通貨価値が毀損している状況下では、「金《きん》（ゴールド）」は優れた資産となる。それは国家にとっても同じである。そこで、外貨保有規制と同様に金《きん》の個人所有に対する規制をかけることも十分に起こり得るわけだ。

一九三三年、世界恐慌の傷が深いアメリカでは、大統領令によって金《きん》の供出が義務付けられた。市井のレートと比べて分の悪い政府指定のレートでの交換を余儀なくされ、実質的には没収されたような格好だ。日本の債務残高はあり得ないほどのレベルであるため、こうした「没収」についても真剣に検討され、実施される可能性は大いにあると思っておいた方がよい。

金《きん》に準じて、「銀」なども没収の対象となるかもしれない。また、現在のところ非常に未知数ではあるものの、「暗号通貨」もその対象となる可能性はある。ただ暗号通貨はその性質上、取引所以外で保管されている「ウォレット」などがあり、実際にすべてを捕捉《ほそく》するのは不可能であるため没収対象となるかは未知数だ。

③資金流出の監視強化

当然のことながら、国家破産時には当局の目をかいくぐって資産逃避を図る人々が増え、それに対抗するように当局の監視の目もますます強化して行くことになる。空港の税関などでのチェックは現在とは比較にならないほど厳しいものになるだろうし、万が一、コッソリ海外に資産を持ち出そうとしていることがバレようものなら、懲罰《ちょうばつ》的な措置が下されることは必至だ。

対象資産は没収され、さらに罰金が科され、犯罪者として公にさらされる、といったことが行なわれるだろう。円現金や外貨現金の他、金《きん》、銀などの貴金属類や美術品、骨董などもその対象になり得る。また、こうした監視強化によって監視の目をすり抜けられる資産クラスに、大きな注目が集まるだろう。

引き出し制限、資本規制に引っかからない資産もある

このように、預金封鎖から資本移動規制への一連の流れができ上がってしまうと私たちの大切な財産は国家によって捕捉され、囲い込まれ、使うことができなくなってしまう。実に恐ろしい話だが、しかし世の中のあらゆる財産が国家の手のうちに収まるわけではない。「引き出し制限や資本移動規制にかからない財産」というものも存在する。それは「海外資産」と「現物資産」である。

「海外資産」は、日本国外の金融機関などで保有する財産だ。株式やファンド、不動産、金《きん》現物などいろいろな形があるが、いずれも日本人が所有者であっても日本政府が影響力を行使（差し押さえなど）できない資産である。

「現物資産」は自分の手元に置いて管理する財産で、日本円の現金の他、米ドルなど外貨の現金、金《きん》や銀などの貴金属の現物、美術品や宝飾品、腕時計、骨董などだ。新しいものでは、暗号通貨の「ウォレット」も現物資産に準じた形

態と言えるかもしれない。

これら現物資産は、たとえば当局が差し押さえしようとすると自宅（や保管場所）に乗り込んで行って現物を押さえる必要があるわけだが、大量の現物資産を保有する人ならいざ知らず、数百万—数千万円ほどの現物資産保有者をしらみ潰しに家宅捜索するわけには行かない。したがって、少額の現物資産保有者に対しては「自分で申告・供出して下さい」という対応になる可能性が高い。よって、政府の捕捉や没収から逃れやすいのだ。

ただ、金《きん》現物のように税関などで引っかかる資産もある。モノによって資産としての特性や長所、短所が異なるため、「何をどの程度持つか」は非常に重要な資産防衛のポイントとなる。実は、「海外資産」や「現物資産」をうまく活用すれば、預金封鎖や資本移動規制をそれほど恐れる必要はなくなるのだが、その具体的な方策については『国家破産であなたの老後資金はどうなる!?　下』に譲る。

生き残りの対策こそがカギ

国家破産によって行なわれる預金封鎖と資本規制は、私たちの財産を根こそぎ奪って行く極めて恐ろしい政策である。これが実施されるということは、それこそが国家が破産していることの証である。

では、私たちに為す術はないのか。ただ国に財産を取られ、貧困のどん底に突き落とされて終わりということか。さにあらず。本章の終段で触れた通り、政府当局の捕捉と監視、規制の網にかからない財産を持つことでそれは回避可能である。適切な対策を行なうことこそ、生き残りのカギとなるわけだ。

具体的方策の話に移る前に、今少し日本国破産が「どのような原因で起き」「資本規制以外にどんな困難が待ち受けているのか」を説明しておきたい。それを知ることで、より実践的で実のある対策を取ることができるためだ。次章では、国家破産となり得るきっかけを詳細に見て行きたいと思う。

第三章

巨大天災（南海トラフ三〇メートル津波）と台湾有事で一瞬で破綻

悲観的に準備し、楽観的に対処せよ

（佐々淳行）

日本は〝第二のポルトガル〟になるのか？

長年続けて来た放漫《ほうまん》財政により、日本の財政はいつ限界を迎えても不思議ではない状況にあるが、その臨界点がいよいよ近付いている。

日本の財政破綻の大きなきっかけになり得るのが、「巨大天災」だ。ひとたび巨大な天災が発生すれば人的被害、経済被害、さらには巨額の復興費用を要し、極めて重い財政負担がのしかかる。すでに瀕死《ひんし》とも言える財政状態にある日本にとって、それがとどめの一撃になり、没落、長期衰退へとつながりかねないのだ。

巨大天災とはまさに「国難」と言える災害であるが、公益社団法人土木学会は二〇一八年にまとめた報告書の中で、「国難級」の自然災害について「国の国力を著しく毀損し、国民生活の水準を長期に低迷させうる力を持った巨大災害」と定義し、過去に起きたそのような巨大災害の例をいくつか挙げている。その一つが、一七五五年にポルトガルで発生した「リスボン地震」だ。

ポルトガルと言えば、大航海時代に世界の覇権《はけん》を握り「太陽の沈まぬ国」と呼ばれるほどに繁栄を極めた国だ。しかし、そんなポルトガルの繁栄も長くは続かず、現在まで二百数十年もの長きに亘り衰退の道を歩む。

ポルトガルの衰退には、工業化の遅れや政治の混乱、他国との戦争や国際競争など多くの要因が複合的に影響していると言われるが、簡潔にまとめるなら人口が一〇〇万程度と少なかったにも関わらず、身の丈を超えて膨張拡大路線を推し進めた結果と言える。これほど限られた人口で、アジアやアフリカの植民地を維持するのは困難であった。それにも関わらず植民地支配に重点を置いたため、国内産業に割《さ》くべき人材や資金などのリソースが不足し、ポルトガルの国力は低下して行った。

このように、ポルトガルは衰退するべくして衰退したと言えるが、それを決定付ける出来事が一八世紀に発生した。それこそ「リスボン地震」である。

一七五五年一一月一日、ポルトガルの首都リスボンをマグニチュード八・五一九・〇と推定される巨大地震が襲った。地震により八割以上の建物が崩落、二万人もの人々が即死したという。地震発生から四〇分後には波高一五メートルに達する大津波がリスボンの町に押し寄せ、一万人もの人々が飲み込まれた。地震、火災、津波により、最大で人口の三分の一に相当する九万人もの人が命を落とし、市内の建物は八五％が破壊された。また、各国から集めた財宝や絵画など多くの文化的遺産も失われた。こうして、大航海時代以来ヨーロッパ随一の繁栄を誇ったリスボンの町は廃墟《はいきょ》と化した。

当然ながら、リスボン地震はポルトガル経済に壊滅的な打撃を与えた。当時のＧＤＰの三―五割が失われたという。政治も不安定になり、ポルトガルの国力は一気に低下した。

だが地震後、ポルトガルは産業構造や税制の改革に取り組み、リスボンの町も大いに復興した。リスボンの復興については、多くの専門家が賞賛している。

しかし地震後、経済的苦境に耐えかねたポルトガルは、海外植民地への依存を強めた。結局、改革は不十分なまま近代化に遅れを取り、衰退の道を歩むことになる。リスボン地震のみが要因ではないにせよ、この巨大災害がその後のポルトガル衰退の要因の一つになったことは確かだ。リスボン地震がとどめを刺したと言ってもよいだろう。一六世紀、ポルトガルは覇権国として世界に君臨した。世界ナンバーワンの国家でも、舵取りを誤れば衰退・没落して行く運命ということだ。いわんや（覇権国でもない）日本をや、である。

ポルトガル没落の歴史においては、リスボン地震という巨大天災が一つの決定打となった。日本においても、近い将来、必ず起きるであろう巨大天災が、人口減少、少子高齢化で活力を失いつつある日本の衰退と没落を決定付ける可能性が高い。その巨大天災こそ、「南海トラフ巨大地震」だ。

迫り来る「南海トラフ巨大地震」

二〇二四年八月八日、宮崎県で震度六弱の揺れを観測したマグニチュード七・一の地震が発生した。これを受け、気象庁は南海トラフ地震の想定震源域で大規模地震が発生する可能性が普段より高まっているとして「南海トラフ地震臨時情報（巨大地震注意）」を発表した。同臨時情報は一週間で解除されたが、私はこれらの動きについてかなりの不気味さを感じる。南海トラフ巨大地震の発生時期は、かなり近付いていると考えた方がよい。

実は今から一一〇〇年ほど前、平安時代中期の貞観年間にも南海トラフ巨大地震が起きている。「仁和地震」と呼ばれるこの地震は、マグニチュード八―八・五と推定され、西日本を中心に甚大な被害を出した。

非常に不気味なのは、この前後わずか数十年の間に合計四つの巨大天災が発生していることだ。八六四年に「貞観大噴火」（富士山噴火）、八六九年に「貞観地震」、八八七年に「仁和地震」（南海トラフ地震）、そして九〇一年に「スマトラ沖地震」が起きている。貞観地震は東北地方を襲った巨大地震で、大津波により甚大な被害がもたらされた。カンの良い人はお気付きだろう。これは、平安時代に起きた「東日本大震災」なのだ。二〇〇四年には、スマトラ沖地震も発生している。

つまり、一一〇〇年前と現在は不気味なほどよく似ているのだ。現代では「貞観地震」と「スマトラ沖地震」はすでに起きていて、残るは「富士山の噴火」（貞観噴火）と「南海トラフ巨大地震」（仁和地震）というわけだ。私たちは、貞観年間以来一一〇〇年振りの巨大天災多発期に生きているのだ。

「たまたま、そうなっただけなのでは？」と思われるかもしれないが、そうではない。もちろん未来のことなど正確には誰にもわからないのだが、富士山噴火と南海トラフ巨大地震は近い将来に必ず起きると、多くの専門家が警告している。現代を生きる私たちにとって、富士山の噴火をイメージできる人はほとんどいないだろう。今、生きている人は誰一人として実際に目にした経験がないのだから、ピンと来るはずもない。なにしろ富士山は、一七〇七年の「宝永大噴火」以来、三〇〇年以上も沈黙を守り続けている。

しかし富士山は、これまで何度も噴火している。驚くべきことに、そのペースは平均してなんと三〇年に一度だ。三〇年に一度のペースで噴火して来た富士山が、三〇〇年以上も沈黙しマグマをため続けている。「いつ噴火してもおかしくない」と言われるゆえんだ。最悪の場合、東京の首都機能を壊滅させるほどの巨大噴火となる可能性も否定できない。

南海トラフ地震についても、これまで何度も起きている。しかも周期性があり、おおむね一〇〇―一五〇年間隔で繰り返し発生して来た。あなたも、「今後三〇年間に南海トラフ地震が起きる確率は七〇―八〇％」といった報道を耳にしたことがあるだろう。

「南海トラフ地震」は、なぜ繰り返し起きるのか？

ところで、南海トラフ地震はなぜこれまで百数十年間隔で起き、今後も起きると考えられるのだろうか？　それは、南海トラフ地震の発生メカニズムからわかることだ。

地震は、「海溝型地震」（プレート境界型地震）と「直下型地震」（内陸地震）の二つに大別できる。

地球の表面は、「プレート」と呼ばれる何枚もの分厚く固い岩盤に覆われている。そして、プレートは一年間に数センチメートルという速度で地球の表面を移動している。すると、各プレートは近付いたり、離れたりする。近付いたプレートはやがてぶつかったり、押し合ったり、沈み込んだりする。その結果、プレートの境界には〝ひずみ〟が蓄積する。そのひずみが限界に達すると、プレートは元に戻ろうとして急激にずれる。これによって、地震が引き起こされるわけだ。このようにして、発生する地震が「海溝型地震」だ。つまり、大規模な地震はプレートの境界で多く発生するのである。

地震の発生はひずみの解放を意味し、ひずみが十分に解放された場合はそのプレート境界を震源とする地震はしばらく起きない。ただし、ひずみ解放後もプレートは移動を続けるから、再びひずみが蓄積する。やがてひずみが限界に達し、プレートが一気にずれ動き大きな地震が発生する。この「ひずみの蓄積→解放」というサイクルが繰り返されることにより、同じ地域で周期的に大規模な地震が発生するというわけだ。

南海トラフ地震は「海溝型地震」であり、これまで何度も、しかも周期的に発生して来たのはこのようなメカニズムによる。

また、地震はプレートの境界だけで発生するわけではなく、〝プレート境界〟から離れた〝プレート内部〟でも起きる。地震の原因となるひずみはプレート境界だけでなく、プレート内部にも蓄積される。そのひずみもやがて限界に達し、岩盤が破壊され地層や岩盤にずれが生じる。これが〝断層〟で、断層がずれる際に地震が発生する。これが「直下型地震」である。地震を引き起こす可能性のある活断層は日本列島に約二〇〇〇本存在すると言われており、列島の全域に張り巡らされているのだ。

日本列島は、まさに〝プレートの境界〟に位置している。しかも「太平洋プレート」「北米プレート」「ユーラシアプレート」「フィリピン海プレート」と、なんと四つものプレートの境界にあるのだ。北米プレートの下に太平洋プレートが沈み込み、ユーラシアプレートの下にフィリピン海プレートが沈み込み、さらに南関東ではフィリピン海プレートの下に太平洋プレートが沈み込むというように、かなり複雑な構造になっている。「地震が多発するのも当然」と言える環境なのである。

海溝型地震の東北地方太平洋沖地震（東日本大震災）では、北米プレートがその下に沈み込む太平洋プレートに引きずり込まれ、ひずみを蓄積して行った。そのひずみがついに限界に達し、北米プレートは元に戻ろうと一気に跳ね上がった。そのエネルギーが、あの巨大地震と大津波を引き起こしたのである。

そして現在、日本で最も警戒されている海溝型地震が、南海トラフ巨大地震だ。東海地方から四国地方に至る太平洋沖には、プレート境界が存在している。ユーラシアプレートの下にフィリピン海プレートが沈み込んでおり、「南海トラフ」と呼ばれる。水深四〇〇〇メートル級の巨大な海底の溝であり、大規模な地震発生帯となっている。

南海トラフでは、年に四―五センチメートル程度の速度でフィリピン海プレートがユーラシアプレートを引きずり込みながら、その下に沈み込んでいる。その結果、ひずみが蓄積され、やがてひずみが限界に達すると陸側のユーラシ

4つのプレートの境界に位置する日本列島

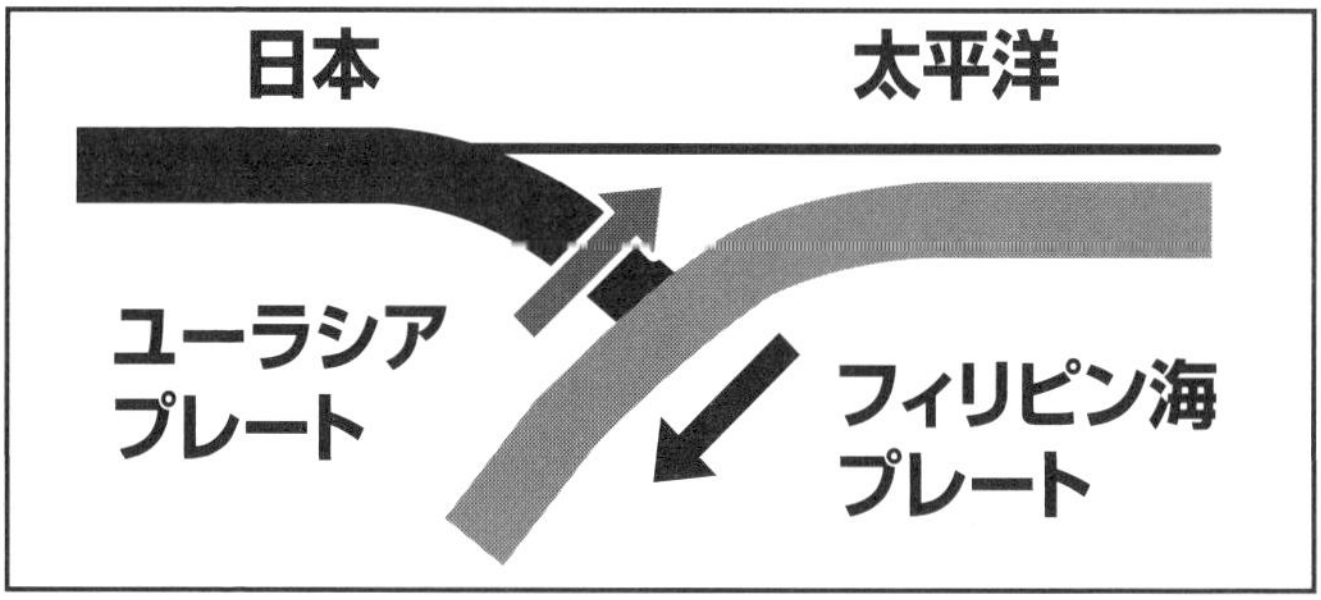

アプレートが跳ね上がり巨大地震を引き起こす。ひずみが解放された後も、また少しずつひずみが蓄積され、限界に達すると再びプレートが跳ね上がり巨大地震が発生する――これを繰り返して来た。フィリピン海プレートの沈み込みの速度がおおむね一定であるため、南海トラフの震源域では大体一〇〇―一五〇年の周期で大地震が起きて来たのだ。

次の「南海トラフ巨大地震」はいつ起きるのか？

このように、南海トラフ地震は周期的に繰り返し発生してきたわけだが、多くの人が気になるのが次の南海トラフ巨大地震はいつ起きるのかという点だろう。果たしてX―デイはいつか？　現代の科学をもってしても、正確な発生時期の予測は不可能だが、ある程度の幅はあるものの専門家が予測している。

政府の地震調査委員会は、南海トラフ地震について今後三〇年以内にマグニチュード八―九クラスの地震が発生する確率を七〇―八〇％としている。非常

過去に起きた「南海トラフ地震」

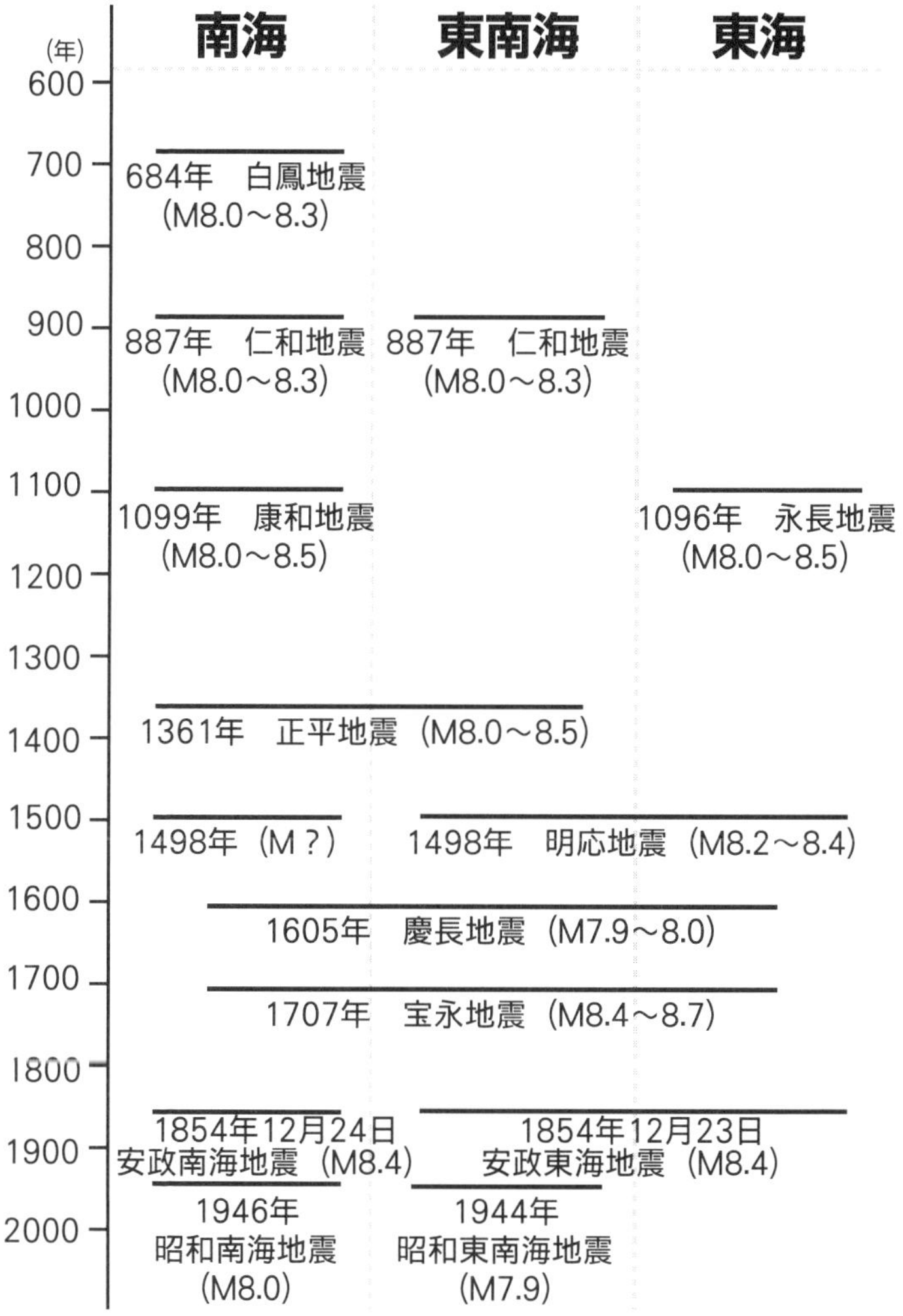

に高い確率だが、実はこの確率の信憑性は決して高いとは言えない部分がある。

過去の南海トラフ地震の記録から今後の発生確率をはじき出すわけだが、当然ながら過去の地震についてすべて詳細にわかっているわけではない。一六〇五年の慶長地震のように、南海トラフ地震ではないと考える専門家が少なくないものもあるし、当時を知る先人たちが記録を残さなかったために発生したことが知られていない南海トラフ地震がある可能性も否定できない。

実は「今後三〇年以内に七〇―八〇%」という確率は、確かな記録が残る一七〇七年の宝永地震以降、約三二〇年のデータを元に計算されている。ただし、地震学・火山学者の山岡耕春氏によると、それでも確率は二五%程度に留まるという。それが七〇―八〇%になる理由は、地震の規模と発生間隔との関係が考慮されているためだ。記録が残る南海トラフ地震で最大規模の宝永地震（マグニチュード八・四―八・七）発生から、次の安政東海地震（マグニチュード八・四）が起きるまでの間隔は一四七年。安政東海地震・安政南海地震（マグニチュード八・四）から昭和東南海地震（マグニチュード七・九）までの間隔は九〇年だ。宝永地震に比べ、安政東海地震と安政南海地震の規模は小さく、昭和東南海地震の規模はさらに小さくなっている。そして、規模が小さい地震の後の方が発生間隔が短くなっている。この点を考慮に入れて計算すると、公表されている七〇―八〇％になるというのだ。

実は南海トラフ地震は、確実に発生したと考えられるものに限ると一五七年の間隔で起きている。そしてこのデータを元に計算すると、今後三〇年以内の発生確率は三％程度だというのだ。三％の確率であっても、明日にでも南海トラフ地震が起きても不思議はないとは言えるが、七〇―八〇％の確率とは比較にならないほど低い確率であることは確かだ。

このように、「今後三〇年以内に七〇―八〇％」という確率の根拠は、少々心もとない部分がある。しかし、海溝型地震の発生メカニズムとこれまで南海トラフ地震が繰り返し発生して来た事実から、繰り返しになるが「明日にでも南海トラフ地震が起きても不思議はない」ことに変わりはない。

南海トラフ地震の発生時期について、さらに踏み込んだ予測をする専門家もいる。火山や地震を専門とする地球科学者の鎌田浩毅氏だ。鎌田氏によると、日本列島では海で巨大地震が起きると陸の地盤が規則的に上下する現象があり、一回の地震で大きく隆起するほど次の地震までの時間が長くなる規則性があるという。そして、これを利用すれば次に地震が起きる時期を予測できるという。

宝永地震以降の南海トラフ地震について、高知県の室津港で観測された地震前後の地盤の隆起量は、宝永地震（一七〇七年）が一・八メートル、安政南海地震（一八五四年）が一・二メートル、昭和南海地震（一九四六年）が一・一五メートルという記録がある。前回発生した昭和南海地震で隆起した一・一五メートルから等速度で沈降すると仮定すると、隆起量がゼロに戻る時期すなわち次の地震が発生するのは二〇三五年となり、これに前後五年の誤差を見込んで二〇三〇―四〇年の間に南海トラフ地震が発生すると鎌田氏は警告している。

鎌田氏の予測によれば、三〇年以内どころか十数年以内、早ければ数年以内に南海トラフ地震が起きるということになる。しかも、次の南海トラフ地震の規模は「マグニチュード九に達する超巨大地震」と予測されている。

「南海トラフ巨大地震」のすさまじい被害想定

南海トラフ巨大地震が起きれば、その被害は極めて深刻なものになる。内閣府が、「冬の深夜に南海トラフでマグニチュード九・一の地震が起きた場合」の被害想定を公表している。震度六弱から震度七の激しい揺れが広範囲におよび、一五一の市町村で震度七を記録するという。揺れは数分に亘り、家屋の倒壊や家具の転倒などで多数の死傷者が出る。沿岸部を大津波が襲い、二一の市町村で津波の高さが一〇メートル以上に達すると想定する。二三八万六〇〇〇棟の建物が全壊または焼失し、死者・行方不明者数は最大で三二万三〇〇〇人にのぼるという。特に津波の被害は甚大で、津波による死者だけで最悪二三万人に達すると予測されている。

南海トラフ巨大地震では、震源域が陸に近いため、津波の発生から到達までの時間が比較的短いことも被害を大きくする。東日本大震災では、最も早い津波の到達は岩手県釜石《かまいし》で、地震発生の約二五分後であった。それに比べると、南海トラフ巨大地震発生時の津波到達ははるかに早く、地震発生後わずか数分のうちに津波が到達する地域もある。到達の早いところでは、和歌山県が最短二分で最大津波高二〇メートル、三重県が最短四分で最大津波高二七メートル、高知県が最短三分で最大津波高三四メートル、静岡県が最短二分で最大津波高三三メートルと想定されている。

ライフライン・インフラも大打撃を受ける。断水により、最大三四四〇万人が上水道を使用できなくなる。下水道も最大三二一〇万人が利用困難となる。最大二七一〇万軒が停電し、都市ガスは最大一八〇万戸で供給停止となる。固定電話は最大九三〇万回線が通話不能になり、携帯電話も回線がパンクして大部分の通話が困難になる。これらは、おおむね全体の九割に相当する。

つまり、ごく一部を除き生活に必要な電気、ガス、水道、電話といったインフラのほとんどが使えなくなるということだ。固定電話回線や携帯基地局が被災すると、インターネットがつながらない地域も発生する。

道路の路面損傷や沈下、橋梁損傷は四万ヵ所に達する。高速道路も全面通行止めだ。鉄道では、路線変状、路盤陥没などで一万九〇〇〇ヵ所に被害が出る。新幹線は全線不通、在来線もごく一部を除きほとんどが不通になる。港湾では、係留施設の被害は五〇〇〇ヵ所、一二六―一三五キロメートルに渡り防波堤が被害を受ける。中部国際空港や関西国際空港など沿岸部にある空港は津波により浸水し、閉鎖される。国交省は、津波高が想定よりも一メートル高かった場合、中部、高知、宮崎の各空港では敷地の大部分が浸水し、関空では海抜が高い二期島《にき》を除いて浸水するとしている。これらの交通インフラは、損壊《そんかい》を免れたとしても正常化には時間がかかる。点検作業が必要になるためだ。

こうして交通は麻痺《まひ》し、京阪都市圏で六六〇万人、中京都市圏で四〇〇万人の帰宅困難者が発生する。多くの人たちが住む場所を失い、一週間で最大九五〇万人が避難者となる。各地の避難所にはキャパシティをはるかに上回る人たちが詰めかけ、避難スペースや仮設トイレの確保すら容易ではなくなる。断水により、入浴はもちろん洗髪や洗顔もままならない状態になる。特に深刻なのはトイレだ。水が使えないために非常に不衛生な状態を強いられる。プライバシーの確保も困難で、心身共に大きなストレスがかかる。このような劣悪な環境下での避難所生活は、過酷を極める。

移動が困難になれば物流も止まる。スーパーやコンビニなどの店頭からは、食料品や日用品など生活に欠かせない多くの商品があっと言う間になくなるだろう。被災地が広範囲におよぶため、外部からの迅速な支援は期待しづらい。発災後三日間合計で食糧は最大三二〇〇万食(三五〇〇万人分)が不足し、飲料水は最大四八〇〇万リットル(五三〇〇万人分)不足する。毛布も、五二〇〇万枚の不足が見込まれる。医療機能も著しく低下し、被災都府県で対応が難しくなる患者数は最大で入院一五万人、外来一四万人と見込まれる。

南海トラフ巨大地震の規模は大きく、被害は広範囲におよぶ。被害の中心は静岡県以西の太平洋岸になるが、東京を含め、人口が多い関東地方の被害も侮れない。二〇一三年に公表された有識者会議の想定によると、死者数は東京都で一五〇〇人、神奈川県で二九〇〇人、千葉県で一六〇〇人となっている。西日本ほど巨大にはならないにしても、関東地方沿岸部でもかなりの高さの津波が押し寄せる。二〇一二年に内閣府が公表した予測によると、津波の高さの最大値は神奈川県鎌倉市で一〇メートル、千葉県館山市で一一メートルとなっている。東京都心湾岸部はさすがにここまでの津波は想定されず、中央区、港区、江東区、品川区、大田区で三メートルとの予測だ。ただし、東京都でも島嶼《とうしょ》部になると伊豆諸島の新島で三一メートル、神津島で二五メートル、小笠原で二〇メートルなど、西日本にまったく引けを取らない大津波が想定されている。

せめてもの救いは、関東地方は震源からの距離があるため、西日本に比べると津波到達までの時間が多少長いことだ。関東地方では、地震後すぐに適切な避難行動を取れば助かる時間的猶予《ゆうよ》はある。地震発生から一メートルの津波が到達するまでの時間は、神奈川県鎌倉市が三四分、千葉県館山市が三一分と予測される。最も到達時間が短い神津島《こうづ》でも一一分ある。ただし、東日本大震災では地震発生後二五分で津波が到達し、多くの犠牲者が出たことを忘れるべきではない。地震発生後、迷わず行動できるかが生死を分けることになろう。

関東地方の都市部で注意が必要なのが「長周期地震動」だ。南海トラフ巨大地震のように規模の大きな地震では、小刻みに揺れる周期の短い揺れだけでなく、ゆらゆらと大きく長い時間揺れ続ける長周期地震動が発生する。高い建物は長周期地震動に共振すると、長時間に亘って大きく揺れる。特に高層階ほど揺れは大きくなる。そのため、建物自体は損壊を免れたとしても家具の転倒や移動などにより、室内で大きな被害が生じるおそれがある。エレベータが故障する可能性もある。東日本大震災の際にも、東京で長周期地震動が発生した。新宿区の超高層ビルの最上階では、振れ幅が最大で二メートル近くにも達する大きな揺れが一〇分以上続いた。南海トラフ巨大地震が起きた場合も、首都圏で長周期地震動が発生すると予測されている。当然ながら、より震源に近い中部圏や近畿圏でも長周期地震動の発生が予測され、対策が望まれる。

これほど大規模な災害となると、経済的被害も甚大なものになる。その額は、最大で二二〇兆三〇〇〇億円にのぼると政府は試算する。これは、東日本大震災の被害の一〇倍以上、日本の国家予算の二倍以上に相当する。資産などの被害が一六九・五兆円、経済活動への影響が五〇・八兆円となっている。すさまじい被害額だが、恐ろしいことに実際の被害額がこの金額に収まることはまずあり得ない。この被害想定は、あくまでも短期的な被害のみを対象としているためだ。

二〇一八年、災害の専門家などで作る前述した公益社団法人土木学会は恐るべき推計を発表している。南海トラフ巨大地震および首都直下地震の発生に伴う長期的な経済被害の推計だ。推計によると、最悪の場合、地震発生後二〇年間の被害が南海トラフ巨大地震で一四一〇兆円にのぼる可能性があるという。日本の国家予算の一二年分、ＧＤＰ（国内総生産）の二倍を上回る、途方もない被害額だ。

阪神淡路大震災を参考に推計期間を二〇年とし、南海トラフ巨大地震により道路や港など交通インフラが寸断され、工場などの生産施設が損害を受けることによってどの程度、国民の所得が減少するのかを計算したという。その結果、二〇年に亘る経済被害は最悪の場合一二四〇兆円と推計され、政府が試算する資産などの直接被害一七〇兆円と合わせて一四一〇兆円になるというわけだ。

当時、土木学会の会長は「日本が東アジアにおける小国、最貧国の一つになりかねないと考えている」との危機感を示したが、「大げさだ」と笑い飛ばすことなど到底できない被害額だ。

ＧＤＰが大幅に減少するのも確実だ。兵庫県立大学の井上寛康教授によると、地震発生から一年間に失われるＧＤＰの総額は一三四兆円にのぼるという。巨大地震がもたらす日本経済の被害について、井上教授が注目するのがサプライチェーン（製品の供給網）の問題だ。たとえば、ある自動車部品メーカーの工場が被災し、製品の供給ができなくなる。すると、その部品を使用する国内外の自動車メーカーは、自動車の生産に支障を来《きた》すことになる。

このようなサプライチェーンの問題は東日本大震災の際にも生じたが、南海トラフ巨大地震ではより深刻な影響がおよぶという。一〇〇万社の企業情報や五〇〇万を超える取引データ、南海トラフ地震の国の被害想定などのデータをスーパーコンピュータで分析したところ、南海トラフ巨大地震では北海道から沖縄まで広範囲に亘る企業に影響がおよぶ結果になったという。

過去の南海トラフ地震では、震源域の東側と西側とで時間差で発生することも多かった。実は、これが被害を大きくする。最初の地震で企業の生産は落ち込むが、時間の経過と共に復旧が進み生産も回復して行く。ところが、そのタイミングで二度目の地震に見舞われると生産はさらに落ち込み、回復にはさらに多くの時間を要することになるのだ。前述の「一年間に失われるＧＤＰ総額は一三四兆円」という数字は、一回目の巨大地震が起きた後、一八〇日後に二回目の巨大地震が起きるケースを想定しシミュレーションされたものだ。

一般社団法人原子力国民会議の予測はさらに厳しい。同会議が発行する「原子力国民会議だより」の第五一号（二〇二〇年三月一九日）には、ショッキングな数字が並ぶ。

南海トラフ巨大地震の津波により、太平洋沿岸にある発電所は壊滅的被害を受ける。東京から九州に至る各電力会社の電力供給能力が大幅に低下、設備能力が損なわれる。首都圏に電力を供給し、日本経済への寄与度が最も大きい東京電力管内のＧＤＰが約二〇〇兆円。次に大きいのが関西電力管内で約八九兆円、次いで中部電力管内の約六九兆円となり、この三電力管内で日本のＧＤＰの七割を占める。最も打撃が大きいのは、東京電力管内だ。約二〇〇兆円のＧＤＰはわずか二四兆円まで激減する。その結果、なんと日本のＧＤＰは五一六・二兆円から三五七・二兆円減少し、一五九兆円になるというから驚く。ＧＤＰが三分の一に激減するというのだ。ＧＤＰの減少率を評価する際には、『ＧＤＰと電力供給量』は一義的に比例関係にある」と仮定したという。

ＧＤＰがここまで激減すれば、輸入代金の支払いに必要なお金も不足する。ただでさえ日本は、食糧およびエネルギーの自給率が低い。食糧や化石燃料を十分に輸入できなくなるわけで、その状況は想像するだに恐ろしい。少なくとも短期的な物価の暴騰は避けられまい。原子力国民会議は次のように警告する。

改善する対策を何も取らなければ、南海トラフ地震や同様な首都直下型地震、或いはほかの自然災害や緊急事態等が発生すると、日本の

各電力会社管内のGDPの変化

南海トラフ地震津波で影響を受ける電力会社（九州〜東京）

電力会社	GDP（兆円）	GDP全体への寄与（%）	地震による壊滅率（%）	地震でのGDP下落幅（兆円）	1年目のGDP（兆円）	2年目のGDP（兆円）	3年目のGDP（兆円）
沖縄	3.9	0.8	0	0.0	3.9	3.9	3.9
九州	43.9	8.5	80	35.1	8.8	43.9	43.9
四国	13.7	2.7	80	11.0	2.7	13.7	13.7
中国	28	5.4	85	23.8	4.2	28	28
関西	88.6	17.2	64	56.7	31.9	88.6	88.6
中部	68.5	13.3	80	54.8	13.7	13.7	68.5
北陸	10.5	2.0	0	0.0	10.5	10.5	10.5
東京	199.8	38.7	88	175.8	24.0	199.8	199.8
東北	41	7.9	0	0.0	41.0	41	41
北海道	18.3	3.5	0	0.0	18.3	18.3	18.3
計	516.2			357.2	159.0	461.4	516.2

一般社団法人原子力国民会議ＨＰのデータを基に作成

経済活動は完全に停止し、食料の供給もままならずに餓死者が増大し、かつ石油・石炭等も不足して電力不足が頻発して経済活動が停滞して、ますます日本の衰退が加速度的に進むことになる

（「原子力国民会議だより」第五一号）

中国経済の停滞を起因とする「台湾有事」で物流・エネルギー途絶

巨大天災に加え、台湾有事も日本にとって非常に大きなリスクだ。台湾海峡での軍事衝突や緊張の高まりは、日本に深刻なダメージを与える可能性がある。最近の中国経済の深刻な停滞は、台湾有事発生のリスクを高めつつある。二〇二四年七―九月のＧＤＰ（国内総生産）は物価変動を加味した実質で前年同期比四・六％増となり、四―六月から減速した。今年の政府目標である「五％前後」を二期連続で下回り、かつての高成長の面影はすっかり失われている。景気の悪化を受け、消費者は節約志向を強めている。外食を控え自炊する、

移動の際はタクシーではなく地下鉄を使う、旅行の際も宿泊と移動の費用を節約し、お土産も闇雲《やみくも》に買うのではなくよく吟味する、というように消費のグレードを落とす人が増えているという。飲食店では値下げ競争が激化、多くの店で利益は大幅に減り、経営環境は厳しさを増す。かつての日本のように、「デフレスパイラル」に陥りつつある。

現在の中国経済は、三〇―四〇年振りの厳しい状況となっている。一説には、毛沢東が大躍進政策を行なった時に匹敵する経済停滞とも言われている。中国国内では、この経済停滞について「日本化」とも表現されている。一九九〇年代以降、バブル崩壊を契機として長期的な経済停滞に陥った日本と同じような状況というわけだ。さらにノーベル賞経済学者のポール・クルーグマン教授は、「中国経済は、日本のようにはならない。おそらく、もっと悪くなるだろう」と発言、中国はより深刻な経済停滞を経験すると指摘している。

中国の停滞の要因は複数ある。まず、不動産価格の上昇に依存した地方政府の財政が、不動産バブルの崩壊で危機的な状況にある点だ。「融資平台《ゆうしへいだい》」と言われる地方政府傘下の投資会社が、地方政府の信用力をカサに金融機関や投資家からかき集めた資金で都市開発を行なって来たものの、不動産バブルの崩壊で資金回収のめどが立たなくなり、不良債権化しているのだ。この「隠れ債務」は極めて深刻で、日本円換算で一一〇〇兆円もあると言われている。

さらに、米中貿易摩擦の中でアメリカが中国封じ込めの一環として、中国市場からの撤退を進めている点も大きく影響している。ヨーロッパや日本もこれに追随しつつある中、深圳《しんせん》では現地駐在の日本人の男の子が殺害される事件が起き、対中心理は急速に悪化している。中国からは、西側諸国の資本も、工場も、そして人心も離れつつある。これが、中国経済に深刻な影を落としているわけだ。

これらの問題が中国経済の足かせとなるのは避けられず、その解決には相当な時間を要するに違いない。それでも日本のバブル崩壊の例が示すように、いずれは片が付く。

実は中国にとって何よりも深刻なのは、より「構造的な問題」だ。それが、長期間に亘り中国を衰退させる可能性が高い。その構造的な問題とは、中国の将来の人口動態だ。世界一を誇った人口も、二〇二二年についに減少に転じ、インドに抜かれ一位から陥落した。高齢化も加速する。二〇二三年の六〇歳以上の高齢者は、人口全体の二一・一％を占める。長らく続けた「一人っ子政策」が、中国の人口減少と高齢化の到来を早めたのは疑いようがない。

今後の人口動態についても、まったく楽観できない状況だ。かつては二〇を優に超えていた人口一〇〇〇人当たりの出生数は、六・三九と統計開始以来最低を記録している。同じく少子化に悩む日本の六・三に匹敵する低水準であり、しかも一五三ページの図に示したように低下のペースが明らかに加速している。不動産価格の高騰や教育費の増加などで、出産をためらう人が多いという。

それ以前に、婚姻数自体が激減している。婚姻数は、過去最多だった二〇一三年の一三四六万組をピークに毎年減少し、二〇二二年には六八三万組とほぼ半減しているのだ。二〇二三年は七六八万組と一〇年振りに増加に転じたが、これは新型コロナウイルス封じ込めのために政府が厳格に行動を管理した、いわゆる「ゼロコロナ政策」の反動であり、一時的な増加に留まる可能性が高い。実際、二〇二四年一―九月の婚姻数は四七四万七〇〇〇組で、前年同期の五六九万組から九四万三〇〇〇組の減少となっている。これでは子供が増えるわけがない。

国連が公表した二〇二四年版の「世界人口推計」によると、中国の人口は二〇二四年の一四億一九〇〇万人から二一〇〇年には六億三三〇〇万人へと、激減する見通しだ。人口が半分以下になるわけで、一九五七年以来の規模になるという。ところが、人口構造はまったく異なる。一九五七年当時は平均年齢（中央値）が二〇歳と非常に若かったが、二一〇〇年の平均年齢はなんと六〇歳を超える見通しだ。長らく続けて来た産児制限を事実上撤廃したものの、子育て費用の負担が非常に重く、出生数が減り続けている影響が大きい。

高齢化が進む中、介護問題も深刻さを増す。一人っ子政策のあおりで高齢の親を一人で介護しなければならない人が急増しているのだ。介護保険制度がないことも、問題をより深刻にしている。ヘルパーを頼むのも施設に入居するの

中国の人口1000人当たりの出生数

（1978―2022年）

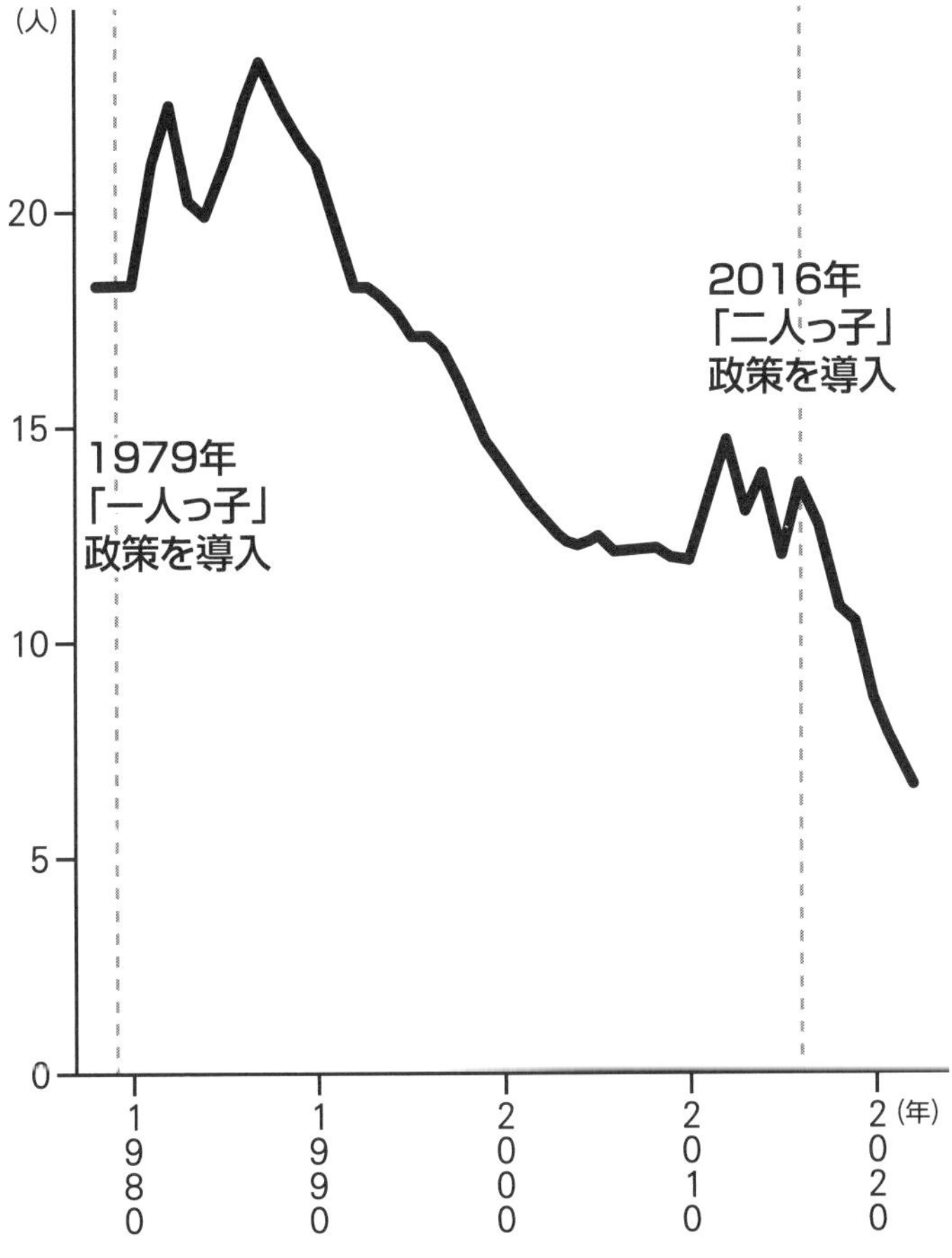

中国統計年鑑のデータを基に作成

も全額自己負担になり、その金額は一般庶民には到底負担できるものではない。そのため親の介護が必要になると、多くの人が仕事を辞めて自ら介護を行なわざるを得ない。多くの人が親の年金、貯金では生活できず、自分の貯金も取り崩して苦しい生活を余儀なくされている。経済の活力低下は避けようもない。

一般に社会の高齢化は介護需要の増加をもたらすわけで、中国政府は当然のように介護施設の増加に動く。国内の高齢者施設のベッド数を、二〇二五年までに九〇〇万床以上に増やす目標を打ち出している。中国民政省の統計公報によれば、二〇二三年末時点の国内の高齢者施設は四〇万四〇〇〇ヵ所と一年間で四・四％増加した。ところが同年末時点の各施設のベッド数については、八二三万床と一年間で〇・八％の減少となっているのだ。

ベッド数減少の背景には、高齢者施設の経営難があるようだ。介護サービスの料金が一般庶民の支払い能力を超えているため、需要はあってもサービスの利用者が伸び悩んでいるのだ。

ともかく、平均年齢六〇歳超という未曽有の超高齢社会に向かう中国経済は、中長期的に明るい展望を描くのが非常に難しい状況だ。

こうした背景を踏まえて、中国経済は実際にはあまり報道されていないものの、極めて深刻な状況にあると私は見ている。若年者失業率は一七・一％（二〇二四年七月）で、二〇二三年六月の二一・三％よりも若干マシではあるものの、総じて高い水準を維持している。その上、あくまでこれは統計上の数字であって、様々な情報を総合すると実際のところは四〇％くらいはあるのではないかと思われる。これは、大恐慌時のアメリカ並みのすさまじさだ。中国人民の政府に対する不満は、いまやかなり高まって危険な水準にあると言える。

習近平は就任後順調に国家運営を行ない、その権力基盤を強化して来た。しかし私は、この一一―二年ほどはかなり厳しい状況に追いやられていると見ている。いかなる時代、いかなる国家形態でも同じだが、権力者がいかに横暴であっても、あるいは愚鈍《ぐどん》で無能であっても、人民が食うに困らず景気がそこそこ良ければ国家運営は大体うまく行くものだ。

しかし、ひとたび人民が食うに困り、あるいは経済が混迷すれば、それを率いる権力者がいかに優秀で仁政《じんせい》を布く人徳者であっても人民は権力に牙を剥《む》き、国は傾く。フランス革命が起きたのは飢饉《ききん》による人民蜂起が大きな要因だったが、中国も今、貧富格差が絶望的に拡大し、さらに深刻な経済停滞で人々が不満をため込んでおり、国家が揺るぎかねない危険な状態になっているのだ。

そこで懸念されるのが、中国の対外強硬姿勢だ。習近平は、国内のこうした不満を自身から巧みに逸《そ》らすため、海外に侵出する姿勢を強化して来ると考えられる。その結果として、地域紛争に発展する程度の「事を起こす」ことは想定しているだろう。もちろん、アメリカとの直接衝突は避けたいだろうから、うまく周辺国を利用するわけだ。現在の北朝鮮の恫喝《どうかつ》外交は、将軍様自身の意思だけではなく、中国が裏で巧みに操っている結果と私は見ている。ミサイル実験や韓国との関係悪化によって朝鮮半島有事を演出すれば、アメリカの極東軍事力（第七艦隊）は必然的に半島に注目せざるを得ない。その間隙《かんげき》を縫って、中国が台湾を手中にするという作戦だ。

さしもの米軍も、中東情勢への対応に加えて朝鮮半島への対応を迫られれば、台湾への対応を十分に行なうことはできない。ただ、それでも中国は慎重に事を運ぶはずだ。武力侵攻するというシナリオは選ばず、情報封鎖や経済封鎖を行ない、さらにフェイクニュースなどで台湾内部を動揺させる「ハイブリッド戦」を取ることだろう。武力行使を最小限にして台湾を手中に収められれば、次は尖閣《せんかく》、沖縄、南シナ海に侵出し、最終的には太平洋の西側まで手を伸ばして行くことになる。

こうなると、日本は極めて危機的な状況になる。台湾海峡のシーレーンを押さえられることで対外貿易が極めて不安定な状態となり、経済、財政に甚大な悪影響がおよぶためだ。食糧を含め、物流やエネルギーが途絶する可能性さえある。台湾の問題は、日本にとっても重大な死活問題であるととらえるべきだ。

台湾有事の影響は、安全保障の面に留まらず経済面にも深刻な打撃をもたらす。特に台湾は、世界的な半導体産業の中心地だ。台湾の先端半導体は世界中の電子機器に組み込まれている。先端半導体は軍事力にも直結し、中国が台湾を欲する大きな理由になっている。台湾海峡が封鎖され、サプライチェーンが寸断されれば、製造業やエレクトロニクス産業を中心に深刻な打撃が予想される。当然、日本への影響も甚大なものになるはずだ。台湾を主要な取引先とする日本企業も少なくないからだ。

また、台湾有事が起きた場合、米軍に協力する立場の日本は中国との関係悪化が避けられない。そのため、中国からの経済制裁が発動される可能性が高い。中国への依存度が高い企業は、極めて深刻な打撃を受けることになるだろう。

「巨大天災」と「台湾有事」がとどめの一撃に

このように、南海トラフ巨大地震や台湾有事などのリスクが顕在化すると物流の停滞を招き、日本は食糧や化石燃料をはじめ必要な物が輸入できなくなる。そうなると、ほぼ確実にインフレになる。物によっては異常なほどに価格が高騰し、家計や企業活動を圧迫、景気は一気に冷え込む。

当然、政府の税収も激減する。復興費用を含め経済対策に巨額の財政支出が必要になるが、税収が激減する中では財源はなく、国債発行つまり借金に頼らざるを得ない。しかし、経済が極度に疲弊し、信用力が低下した日本が巨額の国債を発行し消化するのは容易ではない。平たく言えば、余力を完全に失った日本にお金を貸してくれるところはなくなる。貸してくれたとしても、法外な利息を要求されるはずだ。その結果、債券市場では日本の長期金利が急上昇（＝国債価格の暴落）し、日本はデフォルトに陥る。デフォルトを避けようと、日銀が国債を引き受けたとしても、通貨価値の下落に拍車をかけることになる。つまり、円の暴落は止めようがなく一ドル＝五〇〇円や一〇〇〇円も起こり得るわけで、それはインフレとなって私たち国民に襲いかかる。

南海トラフ巨大地震などの天災や台湾有事は、日本の財政にとってとどめの一撃となり、日本は一瞬にして破綻に追い込まれることになるだろう。その時、備えていない者は一瞬で全財産を失うこととなる。

第四章

ハイパーインフレ、財産税九〇%、新円切替、年金五〇%カット、消費税三〇%

——国民生活を襲う国家破産の猛威

資本主義を破壊する最善の方法は、通貨を堕落させることだ

（レーニン）

国家破産が起きた時、一番困るのは「国民」

〝破産〟という言葉はかなりネガティブな印象で、普段はあまり登場する言葉ではない。そのため、その意味を真剣に考えたことがない人がほとんどであろう。また、生き物で言えば〝死〟を意味する終わりの言葉であり、そこから先は考える必要がないこととして扱われてしまうのかもしれない。だから、ほとんどの人は〝破産〟の意味を正しく理解しておらず、「国家破産」という言葉も漠然とした大変なことと、他人事のような反応をする方がほとんどである。

国家破産については〝知らぬが仏〟とはよく言ったもので、正しい知識を持たない方が日々の暮らしを平穏無事に送ることができるのかもしれない。国家破産の憂《うれ》いがない国であれば本当にその通りで、必要のないことをあれこれ心配し過ぎて〝取り越し苦労〟と言えるかもしれない。

しかし、国家破産が間近に迫っているここ日本においては、そうではない。

国家破産という獰猛《どうもう》な狼《おおかみ》が近付いているにも関わらず、他人事のように草をはみ続ける（普段通りの生活を続ける）のは、あまりにも愚かな子羊のような者と言ってよい。私は、長年に亘り世界中の事例から国家破産を取材して来たが、「国家破産が起きると一番困るのはその国に住む国民である」という事実を、まず知らしめたい。

破産という言葉には、「国家破産」以外にも「自己破産」や「会社の破産」などがある。では、自己破産した際に困るのは自分自身であろうか。実はそうではなく、自分が困るのは破産する前の段階で、破産した後はきれいに負債がなくなるためかえって清々するかもしれない。会社の破産も同じで、破産した後に困るのは会社そのものではなく、国家破産も破産して困るのは国ではない。

では、困るのは誰なのか。そこに資金を提供していた側、あるいはそこに属している人たちである。自己破産の場合には、その個人に資金を提供していた銀行などの金融機関が困る。それが会社の破産になると、資金を提供していた側の他にそこに属していた人たち、つまり役員や従業員が困ることになる。

破産して困るのは誰だ!?

個人が破産した場合

お金を貸している銀行などの金融機関

会社が破産した場合

1. 資金を提供していた人・団体
   ①お金を貸している銀行などの金融機関
   ②株主や債券保有者
2. 属している会社役員や会社従業員

日本国が破産した場合

1. 国債を購入していた銀行や証券会社、保険会社などの金融機関
   →それらの金融機関に資金を提供している日本国民
2. 属している日本国民

これと同じことが国にも言える。まず、困るのは資金を提供していた側で、これは国の借金である国債を購入していた銀行や証券会社、保険会社などの金融機関が該当する。ただ日本の場合、大元をたどるとそれらの金融機関に資金を提供しているのは、ほとんどが国民であることを忘れてはいけない。そして、そこに属している人は、まさに日本の国民そのものである。つまり、日本が国家破産した際に最も困るのは資金の出し手である国民であり、そこに属している国民なのである。

では、国家破産によって国民はどのような影響を受けるのか。それについては、国家破産によって何が起きるのか、またその順番によって異なる。ただ、国家破産の際に間違いなく起こることは共通しており、それは「大幅な通貨安」つまり「インフレ」である。単に少し通貨が安くなるのではなく、一ドルが三〇〇―一〇〇〇円になる大暴落ととらえていただいて構わない。そこから始まり、あらゆることが起き始めるのである。

この章では、それによって国民がどのように困るのかを詳しく解説しよう。

すさまじい円安（三〇〇—一〇〇〇円）で国内は大インフレに

二〇二四年夏、一時的に一ドル＝一六一円を突破し、一九八六年一二月以来、実に三七年半振りの水準にまで円安が進んだ。この円安は、高金利のドルと低金利の円の日米金利差が大きな要因の一つであった。今の状況ではまだ国家破産と呼ぶにはふさわしくない状態ではあるが、それでもこの円安によって起きたことは日本全体において国民生活を脅《おびや》かしかねないインフレであった。輸入品の高騰や外国人観光客の訪日により、日本の商品の値段が著しく上昇したのである。これにより、国民生活は目に見えて苦しくなった。

数年前までデフレにあえぎ苦しんだ日本国民は、「円安・インフレ」を望んでいたはずであった。しかし、いざインフレになってみると、その生活のしにくさから今度はデフレ時代を懐かしむようになった。マクドナルドのハンバーガーが五九円で購入でき、吉野家の牛丼が二五〇円で食べられた時代を「古き良き時代」と回想し始めたのである。デフレのピーク時でなくとも、「ワンコインランチ」ということで毎日のランチを五〇〇円で済ませることができた時代である。いまや、それは昔話である。すると、今度はその不満から円高を望む声が出始めたのである。しかも、政府はそれに同調する形で円高への為替介入まで行なう始末である。

現在進行しているインフレは、まだ止まる気配がない。世界をけん引するアメリカではインフレが依然として継続しており、その状態で日本のインフレが落ち着く可能性は少ない。

そして、気付いている人は少ないが今、恐ろしいことが進み始めているのである。というのも、これまでの自浄作用がどうも壊れ始めているようなのだ。その兆しが、第一生命経済研究所経済調査部の首席エコノミスト・熊野英生氏のレポート『一・四二倍に価格高騰しても輸入数量が減らない！』から見て取れる。少し難しい内容であるが、今起きている重要な変化が理路整然と述べられているので、熊野氏のレポートの内容をかいつまみながら説明して行こう。

現在のインフレをきちんとしたデータで見ると、コロナ禍以降で輸入物価が一・四二倍も高騰している。二〇二〇年一―三月の季節調整した輸入デフレーターは九四・二で、そこから直近二〇二四年四―六月の一三四・〇までの輸入デフレーターは、確かに一・四二倍となっているのである。熊野氏の言葉を借りると、この倍率は「破格の上昇」である。そして、このインフレはまだ途中で収まる気配を見せていないわけだが、注目すべき箇所は他にある。

それは、インフレになっても輸入数量（実質輸入）が減少していないという点である。こちらのデータも見ておくと、輸入物価が一・四二倍になった時と同じ期間の二〇二〇年一―三月から二〇二四年四―六月で、輸入数量が九・二%増加しているのである。この間、実質GDPの増加幅は二・六%なので、輸入数量が内需拡大のペースを上回って増えているのだ。通常であれば、輸入品価格が高騰すると輸入品から国産品への供給シフトが起こり始める。しかしこの輸入数量の増加は、その動きが起きていないことを意味している。

この一つの原因としては、エネルギーと食料品などの日本で自給できない必需的なものについての輸入数量の増加が挙げられる。ただ、それらは輸入額のおよそ三分の一の部分で、残りの三分の二の部分を考えると説明が付かない。では、何が原因なのか。熊野氏はこの原因を「日本の競争力の低下」としている。日本の競争力が低下したため、輸入品から国内品への供給シフトが起きていないと結論付けている。確かに日本企業は「通信・コンピュータ・情報サービス」などのデジタル関連では海外企業の後塵《こうじん》を拝している。これは衝撃的なことで、モノづくり大国日本のイメージを根底から覆すデータであり、しかも今後円安による輸入インフレの拡大を止める術を失っていることを現している。

一般に、「円安になると日本はモノづくり大国なので潤《うるお》う。それが歯止めになり、度を越した円安にはならない」と言われる。確かに、これまではそうだったのだろう。しかし、それは日本の競争力が高い時のことである。今、日本の競争力は著しく低下しており、一部例外はあるにしてもこれまでよりも海外と比べて日本の商品の魅力が乏しくなっているのである。

誤解を恐れずに言うと、今後ますます日本の商品は他の国の商品よりも劣って行く可能性があるのだ。だから、円安になったとしても国内品への供給シフトが起こらず、それどころか海外からも日本の商品が求められずに産業が潤わず、結果、円安是正に働かない可能性が出て来ているのである。

というわけで、残念ながら、これからも円安が進むだろう。為替介入で一時的に多少円高になったとしても、長い目で見れば〝焼石に水〟である。ＩＭＦにも呆《あき》れられるほど日本の財政はひどい状態であり、長期的には円安を、しかもかなり極端な水準まで覚悟する必要がある。

なにせ、これまでとは構造が異なり、自浄作用が働かずにインフレに直結して行くからである。一ドル＝三〇〇円になっても止まらず、五〇〇円、七〇〇円、一〇〇〇円と、まるでブレーキが壊れた車のようにどんどん加速するのだ。もちろん、その時の物価も二倍、三倍、四倍、五倍と加速して行くのである。

そして恐ろしいことに、これは国家破産がまだ起きていない現在でもその傾向になりつつあるわけであり、国家破産が起きると単にその期間が著しく短くなるだけなのである。

観光地はドルの札束をきる外国人に占領されている

前述した日本が競争力を失っていることは、日本の賃金が伸びない大きな原因の一つである。だから今、円安でインフレが起き始めているにも関わらず賃金が伸び悩み、国民は生活が苦しくなるのだ。この大きな原因が取り除かれない限り、「インフレ下での賃金伸び悩み」という、頭の痛い状態は続くと考えておいた方がよい。仮に一ドル＝三〇〇円で物価が今より二倍になったとしても、給料は三―四割程度の増加ということが十分起こり得るのだ。すると、インフレが進めば進むほど、実質的な日本人の購買力の低下は進むことになる。

一方で、外国人にとっては日本の商品は全体的に安く感じることになる。インフレで商品を値上げせざるを得なくなっても国民の賃金が伸び悩んでいるわけだから、それを考慮した値付けが求められる。外国人にとってその価格は、かなり割安に映《うつ》るのだ。これは、すでに起きている現象である。

　私は職業柄、海外の金融関係者と話す機会が多いが、皆口を揃えて言うのは「いかに日本の商品が安いか」ということだ。日本だけで生活している私たちはなかなか気付かないが、海外から見るとこの数年で日本は、本当に〝大バーゲンの国〟になってしまったようだ。それは逆に見ると、いかに海外が高くなったかを意味している。

　いまや日本の国民食とも言える、ラーメンを例に見てみよう。日本でラーメンを食べると八〇〇円ほどである。日本では、ラーメンには〝一〇〇〇円の壁〟があると言われており、それを超える値段はあまり見かけない。それが海外では一〇〇〇円以上が当たり前である。二〇二三年に日本経済新聞が特集した各国のラーメンの値段をチェックすると、世界屈指の金融街であるロンドンでは一二・五ポンドで二二〇〇円（二〇二三年当時のレート）ほどである。一〇〇〇円の壁どころか二〇〇〇円も超えている。しかも、そのラーメンに好みのトッピングを加えると一五ポンド、二六〇〇円まで跳ね上がる。これがロンドンでのラーメンの相場（二〇二三年当時のレート。以下同）だ。

それより高いのがニューヨークで、アメリカでは食事の際の通例となっているチップ代を含めると二二・五ドルとなり、なんと三一〇〇円にもなるのだ。普通のラーメン一杯が三一〇〇円、家族四人で食べると一万円では収まらないのである。驚くのはこれだけではない。それほど物価が高くなさそうな地域を含めて、ラーメンの価格は軒並み日本より高いのである。地域とラーメンの値段を挙げておくと香港は一八〇〇円、マニラが一三〇〇円、ムンバイが一八〇〇円である。香港は物価が高いことで有名なので納得だが、他のフィリピンのマニラとインドのムンバイの二つの地域は、どちらもまだ新興国の立場である。

このようなことはラーメンに限らず、パソコンやスマートフォンなどの電子機器類でも起きているのだ。ブラジル人が、日本でパソコンが安いため、家族のお土産に買って帰るなどの例もあるくらいだ。このように、新興国で販売されている商品よりも日本で売られている商品の方が安いという現象が今、起きているのである。

外国人から見た日本は、このように国全体で年中バーゲンセールをしている

世界各国のラーメン1杯の価格

日本
800円ほど

↓

ロンドン（イギリス）	2200円（トッピング有:2600円）
ニューヨーク（アメリカ）	3100円（チップ代含む）
香港	1800円
マニラ（フィリピン）	1300円
ムンバイ（インド）	1800円

日本経済新聞2023年6～7月の記事を基に作成

ような状態で、外国人観光客はそれを求めて年々増加している。二〇二四年は一―九月までの九ヵ月間で推計二六八八万人の旅行者が日本を訪れており、これは二〇二三年の一年間での二五〇六万人をすでに上回っている。そしてこのペースが続くと、コロナ禍前の二〇一九年の三一八八万人を上回り、過去最多を更新する見通しになっている。

皆さんが海外旅行した時を想像してほしいが、外国人観光客が日本に来た際に、何もつつましく生活することを目的にするはずがない。せっかくの旅行なので、美味しいものを贅沢に食べたりしたいと考えるだろう。そして、それを狙った商品が日本で誕生し始めた。有名なものでは〝インバウン丼〟である。海鮮丼一杯が一万五〇〇〇円（発売当時。現在は一万七〇〇〇円）もするという、およそ日本人には受け入れられない値段の丼ぶりである。しかし外国人観光客はそれを平然と注文して、美味しい海鮮丼を満足気に食べるのだ。それもそのはずで、一万七〇〇〇円はドル換算で現在一一〇ドル弱である。海外でちょっと良い食事をしようとすると、それ以上の金額が取られるのが当たり前なのである。なにせ、ラーメン一杯が二〇〇〇―三〇〇〇円する世界なのだ。

このインバウン丼については、マスコミが面白おかしく取り上げたことで、話題になった。二〇二四年の「新語・流行語大賞」の候補としてノミネートされているほどである。そして、それ以外にも外国人観光客を狙って普段よりも価格を高めに設定しているものは総称で「インバウンド価格」と呼ばれるようになった。インバウンド価格はテレビなどで、日本人の冷ややかなコメント付きで取り上げられることが多い。ある芸能人の方が、馴染《なじ》みの店の値段がこれまでの二倍以上とインバウンド価格になったことで、「いい加減にしろ。これまでの客を失うよ。二度と来ない。そのうち、痛い目見るよ」と怒声を強めて店にクレームを付けたとコメントしていた。それに対して「よくぞ言ってくれた」「一度離れた常連客は、値段を下げても戻って来ない」「目先のカネに惑わされるな」と周囲から同調のコメントが多く寄せられていた。ひょっとすると、読者の皆さんも同じ感想をお持ちかもしれない。

しかし、果たして本当にその認識は正しいのだろうか。確かに、値段を大幅に吊り上げられると腑《ふ》に落ちないと感じるだろうが、ではそれは本当に元の安い値段に戻るのだろうか。このまま円安が続き、外国人観光客が増え続ければ、そのインバウンド価格が適正価格として定着して行くのではないだろうか。

実は現在起きていることは、今後起きるであろう絶望的な未来の初期段階である可能性が高い。現在の状況は、日本人に受け入れられる低価格と外国人に狙いを定めた高価格の二重で価格が存在している状態である。もちろんインフレで全体的に値段が上がっているのだが、前者はこれまでの一・一倍や一・二倍に値上げされたのに対して、後者はこれまでの二倍や二・五倍に値上げされているといった具合である。このような値上げは、銀座の高級寿司店でも実際に起きている。数年前までは一・五万円ほどで食べられたコース料理が二万円になっているのはまだ良い方で、中には三万、四万円にまで跳ね上がっているケースも珍しくない。

そして、このまま円安が続くと次の段階に入る。それは、すべてが外国人観光客中心の価格になることである。つまり、すべての商品がインバウンド価格に統一されてしまうのである。二重価格の初期段階で外国人観光客の需要が途切れなければ、低価格で提供を続けていた方は徐々にインバウンド価格に値段を寄せて行くだろう。インフレで仕入れ値が上がって苦しむ中、他がインバウンド価格で大きく利益を出しているのを見れば、低価格で提供するのが馬鹿らしくなるのだ。それでも、義理人情で低価格を維持しようとする店は多少出るだろうが、円安インフレによる仕入れ値の増加でそれらの店もそのうち値上げを余儀なくされる。または、利益を出せずに廃業に追いやられる。今後は、おそらく圧倒的多数のお店がインバウンド価格で営業するようになるはずだ。しかも、円安がさらに進んでいれば、そのインバウンド価格は今よりもさらに値上げされるのである。先ほど、一万五〇〇〇円のインバウン丼と紹介した海鮮丼の価格がすでに一万七〇〇〇円となっているように、二万、三万円にもなるのだ。

そして、いよいよ迎える最終段階は、それに国家破産が加わりインフレが極端になった場合である。一ドルが三〇〇円、三五〇円、四〇〇円と日を空けずに為替レートが変動するようになると、円ではなくドルでの決済が始まる。お店側が円の受け取りを嫌がり、ドルを歓迎する姿勢を見せるのである。お店側としては、受け取った円をそのまま置いておくとどんどん価値が下がって行く。一方でドルは、そのまま置いておいても価値が落ちないからである。そのため、円での売り上げはドルに交換する必要が発生し、毎日銀行に通うことになる。そこで交換手数料が取られたなら、お店側も憤懣《ふんまん》やるかたないだろう。

あいにく、国の法的強制力があるので大っぴらに「日本円お断り」と看板を掲げることはできない。しかし〝五〇〇〇円以下の紙幣や小銭の用意はありません〟と、暗に〝円で払ってくれるな〟という注意書きを店頭の目立つ場所に貼っておくかもしれない。ただ、もっともそのような極端な円安・インフレになってくると、国民も日常生活すらままならなくなり、観光地への訪問などは限られた人しかできなくなるだろう。観光地は見渡す限り外国人であふれ、日本人はほとんど見当たらず、買い物はドル札が当たり前の状況に陥っているはずである。「日本円お断り」と掲げなくても、日本の観光地において日本人が（日本円が）自然淘汰される可能性すらある。

コンビニから品物が消える日

国家破産によりインフレが極端になると、お店では商品の争奪戦が繰り広げられる。インフレで日ごとに値段が上昇して行くのであれば、お客の方はこぞって商品を買おうとするだろう。特に、普段使うもので日持ちがするものであればなおさらである。ありとあらゆる商品が〝売れに売れる〟状態である。

一方で、お店や業者の方は胸中複雑である。確かに商品がどんどん売れて行く様は悪くはないが、インフレ下では今日売るよりも明日売った方が高く売れるわけで、無理に買ってもらう必要はないのだ。お店や業者のような供給側による売り渋りが発生するかもしれない。すると、役立つ商品の順に売れ、在庫切れを起こし、十分に商品が補充されない事態が起きるかもしれない。

これが瞬間的に起きたのは、東日本大震災後の首都圏のコンビニやスーパーであった。コンビニ棚から商品のほとんどが瞬く間に消え、しばらく補充されれない事態があったのだ。あの時の商品が補充されなかった理由は物理的な物流障害にあったが、今度はインフレにより物流障害が発生するのである。

転売も横行するだろう。いち早く商品を手に入れた客が、他の客に対して買値よりも数段高い値段で転売するのである。さらに客だけではなく、お店の従業員、はては店長までが商品を店頭に並べずにネットなどで別の名前を使って高値で売ることもあるかもしれない。また、ひどくなれば人気のない売れ残り商品との抱き合わせ販売や、商品の中身の一部をすり替えるなど、詐欺や犯罪に近い〝あこぎな〟商売を行なう輩も出て来るのが定石《じょうせき》である。

日常品や食料品の入手は難しく、その中でもお米などのしばらく保存可能な食料品の入手は困難を極めるだろう。二〇二四年の夏に〝令和の米騒動〟と騒がれ一時期スーパーからお米が消えたが、今度はそれよりもさらに長期に亘る混乱が容易に想像できる。お米が手に入らず、乾燥麺などなるべく長持ちするものを買おうと食糧を求めてスーパーを渡り歩く人々の群れが、まるでゾンビの行進のように目に映る日が来るだろう。

〝老人年金難民〟の群れ

偶数月の一五日は、ゆうちょ銀行のATMに行列ができる。これは、二ヵ月に一度の支給日に「年金」を受け取ろうとする毎度恒例の行事だ。ただ、インフレがひどい状況になればこの行列は今の一〇倍、二〇倍、あるいはもっと長いものになるだろう。あるいは、二、三日前からテントを持って来て並ぶ猛者が現れるかもしれないし、毎回あまりにも長い行列ができるようであればATMに並ぶことができる人の抽選会を行なうかもしれない。

こうなると、ちょっとしたイベントのようで熱気にあふれるかと言えば、まったくそうではない。行列に並ぶ人の顔は今のような喜色《きしょく》が感じられるものではなく、不安と絶望が半々の暗い顔で、しかも皆がうつむいて生気はまったく感じられないものだろう。

なぜ、楽しいイベントのはずの年金の支給日がまるでお葬式のような雰囲気になるのかと言えば、「インフレによる年金の目減り」から来る絶望感である。急速にインフレが進む中でも、年金はもちろんのこと「円」で支給される。すると、早く受け取って商品なり、ドルなりに形を変えなければ、円の価値が目減りしてしまうのである。もし、ATMに並ぶ抽選が行なわれていたとして、それに落選した人は列に並ぶ人たちを、ただ指をくわえて羨《うらや》ましそうに眺めるだけなのである。また、抽選は行なわれずに長い列に並んだ場合も、列の後方であれば同じことになる。ATMに入っている現金には限りがあり、それが尽きてしまうからだ。平時であればATMの現金がカラになれば補充されるが、国家破産時には補充されない可能性が高い。

悲壮感を漂わせながらATMで並ぶよりも、もっと根本的な年金の問題がある。それは、インフレにより支給される年金の実質価値が段々と落ちることだ。毎回どれだけ落ちるのかと、もらう度に戦々恐々である。

ここで、「年金は物価スライド制だから、物価が上がれば支給される年金も増えて問題ないのでは」と思われた方がいるかもしれないが、はっきり申し上げるとそれは甘い見通しである。そのような状態の中で物価スライド制が持続するかどうかも怪しいところであるが、もしそれが持続されていてもまったく安心できない。なぜなら、年金は国が行なっていることだから、公的な数字が採用されるためである。

インフレが極端に進んだ国でよく見られるのは、公的な数字の他に市場で適応されている〝闇の数字〟ができることである。このような数字の差異は為替が最も有名で、公的レートが一ドル＝三〇〇円とされているのに対して、闇レートは一ドル＝一〇〇〇円といった具合である。闇レートといっても市場で実際に使われるレートであり、むしろ公的レートの方が有名無実で幽霊のように実態がない。このような「公的な数字と闇の数字」が、年金を左右するインフレ率にも適応される可能性が高い。実際には年二〇％もの極端なインフレが発生しているにも関わらず、周囲への誤魔化《ごまか》しから公的なインフレ率を年五％と示したりするのである。

年金で採用されるのは、この公的なインフレ率である五％の方なのだ。誰がどう見ても年二〇%、商品によってはそれ以上のインフレが進む中で、年金の支給額の値上げ率はプラス五%を元に計算されるのである。そんなことになると、年一五%も差が生じる。しかもこれは複利のため年を追うごとに差が広がって行くことになる。結果として、国家破産時にお年寄りの受け取る年金は雀の涙ほどでしかない。これでは何もできず、ただ暇《ひま》を持てあますだけなので、空き缶を前に置いて、公園や路地にずっと座っている。たまに来た外国人観光客でも見かけようものなら、必死のアピールである。「ギブミーワンダラープリーズ」と。どこかで経験したことはないだろうか。それは、かつて日本人が東南アジアなどの新興国に旅行した時、観光地から一本外れた薄暗い通りに拡がっていた光景そのものなのである。

金利暴騰で中小企業の半分が倒産

国家破産でインフレが極端に進めば、日銀は金利を上げて通貨の価値を守ろうとする。これは、国家破産が起きた国に共通して見られる現象である。インフレが極端であればあるほど金利は大きくなり、結果、日銀が決める政策金利は二％、三％どころではなく、二桁になっても不思議はないのである。

日銀の決める政策金利とは短期金利のことであるが、短期金利が上昇すればそれは長期金利の上昇にも繋がる。当然の話で、一時的であれば短期金利だけが急騰し、長期金利があまり上昇しないという長短金利の逆転、いわゆる「逆イールド」になることもあるが、それが長期で続くとは考えられない。仮に、短期金利が一〇％で長期金利が二％という状態が長期で続くのであれば、資金を借りる時はすべて長期金利で調達すれば良いだけである。だから、そんな不自然な状態は是正されて、基本的には短期金利よりも長期金利の方が高くなる。

いずれにしても、短期金利も長期金利も含め、すべての金利が大幅に上昇するのである。金利が大幅に上昇すれば、借金をしている側は大パニックである。個人では住宅ローンを組んでいる一般家庭を含め、お金を借りているすべての人は返済が困難になる。仮に住宅ローン金利が一〇％を超えれば、きちんと返済ができる人はほとんどいなくなるに違いない。先に述べた通り、賃金はそれほど上昇しないことが十分考えられるからだ。

苦しくなるのは個人だけではなく、企業も同じである。二〇二三年に東京商工リサーチが行なった調査では、日本で〝無借金経営〟を行なっている企業の割合は二一・六％であった。つまり、逆から見ると七八・四％、約八割の企業が何らかの借り入れを行なっていることになる。金利の上昇はそれら八割の企業を直撃することになり、体力のない中小企業の倒産ラッシュが巻き起こるだろう。中小企業の半数が倒産しても不思議ではない。中小企業の半数が倒産すれば、働き手が一斉に解雇されてしまう。街には働き先を失った浮浪者があふれることになり、治安は一気に悪化することになる。

財産税で全資産を失う地主たち

インフレにより通貨価値が急速に下落する中、日銀としてできる手段は金利を上げて対抗することである。それにより困るのは借金をしている側で、それは個人や企業だけではない。一番困るのは、何よりも借金の規模が大きい「国」のはずである。

大量にばら撒かれた国債に金利が付くと、まるでばら撒かれたガソリンに火を点けたかのように燃え広がる。利払い費が膨大な金額になり、国はその対応に追われることになる。そこで、国は伝家《でんか》の宝刀《ほうとう》を抜くことになる――大増税だ。まず手っ取り早いのは、「消費税」である。ヨーロッパでは消費税が二〇%は当たり前の水準なので、それに合わせて二〇%、またはそれよりも高い三〇%にまですぐに引き上げられるだろう。

ただ、これで解決できるとは到底考えられない。たまりにたまった国の借金に火が点いているわけで、ちょっとやそっとのことで消し止めることはできない。すると国は、自然消化で燃え尽きるのを待つのか、一気に鎮火させるための究極の手段を投じるかの二択を迫られる。前者はハイパーインフレが落ち着くまで、とにかく放置することである。これを実際に行なったのはトルコで、十数年に亘りハイパーインフレが続き、国民の生活はぐちゃぐちゃの大混乱に陥った。この情景については、『国家破産であなたの老後資金はどうなる⁉〔下〕』で詳しく述べるので参考にしてほしい。

そして、後者は「財産税」の徴収である。財産税とは、持っている資産に対して税金をかけるという意味だ。現在の相続税や贈与税、地価税、固定資産税などがそれに当たるが、今回お伝えする財産税はそれとはまったく異なる。持っている資産すべてに対してかける、〝究極の財産没収方法〟である。実は、これは今から八〇年前、太平洋戦争直後の日本で実際に行なわれた。こちらの詳細は下巻で詳しく述べるが、ここでも少しそのさわりを解説しておこう。

実際に国が財産税を徴収する際には、下準備が重要になる。国民に対して「財産税をかけるので資産を全部教えてほしい」と言ったとしても、素直に国民がそれに応じるとは考えにくい。したがって、銀行預金や証券口座などを強制的に封鎖して、誰がどのような資産を持っているか洗いざらい調べるはずである。他にもありとあらゆる資産を把握しようとするが、一番厄介なものはタンス預金である。自宅に数千万円、あるいは数億円の現金（資産）がおいてあった場合、国としては把握することが困難である。

そこで、国は一計を案じる。資産を炙《あぶ》り出すために、「新円切替」を行なうのだ。これまでの紙幣に期限を設けて、それまでに銀行に入れない場合には価値をゼロにするという大胆な策である。これは、戦後の財産税の際に現実に行なわれた。そして国民の資産をすべて把握した上で、資産の多寡《たか》による超累進課税というやり方で財産税をかけたのだ。どの時点で財産税を実施するかにより最高税率は異なるだろうが、戦後に行なった財産税の最高税率は九〇％だったため、今回もこれを参考にして行なわれる可能性が高い。それなりの資産家でも、全財産の四〇―五〇％はもって行かれる可能性があるため油断はできない。

財産税が実施されると、日本にいる超富裕層は消滅するだろう。その中でも、特に困るのは「地主」だ。不動産も当然資産とみなされ財産税の対象になる。資産に占める不動産の割合が多いと、納税するために売却せざるを得ない。しかし、そうした時は大混乱期で不動産を売ろうとする人々が大勢いて値段が付かない可能性がある。国が指定した納税額に到達せず、絶望する地主が無数に出て来るだろう。実際、敗戦直後の徳政令においても絶望して首をくくった地主が大勢いた。さらに、財産税以外に特別な固定資産税がかけられることも考えられる。実際に国家破産時に不動産の固定資産税が大幅に引き上げられたのはギリシャであり、またアジア通貨危機の際の韓国である。そういった国では不動産の投げ売りが行なわれたが、皮肉なことに高い税金がかかることが明らかなため不動産は売れず、不動産を持つ富裕層の破産が相次いだという。

国家破産で国民の半分以上が犯罪者に!?

これまで部分的に切り取りながら、インフレそして国家破産によって何が起こるのかを見てきた。今度はこれらを総合して、私たちの生活がどのような状況に陥るのかについてお話しよう。

国家破産で間違いなく起こることは、「治安の悪化」である。極端なインフレの中、賃金はさほど上がらず、年金も実質五〇％カット、消費税が三〇％になっていたら庶民はまともに生活できるはずがない。目安として、世帯年収一〇〇〇万円以下で貯蓄がない人、あるいは年金生活者で貯蓄がない人は、とたんに生活できなくなる。

すると、そういった人たちに残された道は二つで、一つは極貧生活を強いられる道、そしてもう一つはそこからさらに落ちた犯罪者への道である。

極貧生活とは、物乞《ものご》い、あるいはホームレスと同等の生活という意味である。マイホームを持っている人でも関係がない。確かに雨露《あめつゆ》を凌ぐことはできるが、家を食べることはできない。マイホームでは空腹を凌ぐことはできないのだ。当たり前の話ではあるが、人は何かを食べなければ生きて行くことはできない。自らが農業や漁業などをしている場合は別だが、そうでなければ日々の食糧を調達する必要がある。果たして、それにいくらかかるだろうか。

総務省統計局のデータを見ると、現在の世帯人数別の月額平均食費は、単身世帯が四・二万円、二人世帯は七・二万円、三人世帯は八・六万円、四人世帯が九・七万円となっている。それがインフレにより物価が二倍になっていれば、単純に食費も二倍になるわけで、しかも消費税が三〇％に上がれば価格は約二割増しになる。仮に三人世帯だった場合には、食費は月に二〇・六万円（八・六万円×二×一・二）になるのだ。

生活に必要なものは食糧だけではない。電気やガスの公共料金、電話代、衣服代など、先ほどの食費を含めた生活費全体として一般的なデータでは、三人世帯で月に三〇万円ほどかかるという。それで計算すると、「三〇万円×二×一・二」で月の生活費は七二万円となり、年間では八六四万円になる。生活費だけで八〇〇万円超にもなるのだ。世帯年収一〇〇〇万円あったとしても手取りでは七〇〇―八〇〇万円ほどだから、すでに赤字の状態である。しかも、国家の財政が厳しいわけだから、社会保険料は今よりも間違いなく値上げされているだろう。手取りはさらに減るはずで、先ほどの年間の生活費八六四万円をよほど切り詰めたとしても、一年以内に生活が立ち行かなくなるだろう。

現在において年収一〇〇〇万円は、一般的な社会人が憧れる四桁の大台である。衝撃的なことに、それだけ稼いでいても国家破産になればホームレスと同等の生活になるのだ。厚生労働省のデータでは、現在、わが国の世帯年収一〇〇〇万円以上の割合は一一・六％である。すると、残りの八八・四％の国民は、先ほどの計算の通り年収だけでは生活できなくなるのである。年金生活者はそれよりも苦しい状態に追い込まれる。年金だけで年収一〇〇〇万円以上になるはずがなく、現在の年金における理論上の最高受取額は年四五〇万円（厚生年金＋基礎年金）ほどである。この額は、先ほどの年収一〇〇〇万円の半分にも満たない。年収一〇〇〇万円で切り詰めても生活できないわけで、その半分以下で一体どう生活できるというのだろうか。

では、貯蓄を持っていれば安心かと言えば、まったくそんなことはない。何も対策をしておらず、呑気《のんき》に銀行やゆうちょ銀行に預貯金だけをしているようであれば、資産の多寡によって時間差はあるもののたどり着く先は同じになる。年収一〇〇〇万円が物乞いのような生活を強いられるほどの異常事態が起きるわけだから、その頃にはインフレで日本円の価値がかなり目減りしているはずだ。仮に二倍のインフレ・円安になれば、持っている資産は半分の価値になる。年率五〇％のハイパーインフレが五年続けば、物価は七・六倍にもなる。豊かな老後を送るためにと貯めておいた五〇〇〇万円の資産は「五〇〇〇万円÷七・六」で、実質六五八万円の価値に成り下がってしまうのである。年金生活者は、あっという間に生活苦に見舞われることになる。

人間〝貧すれば鈍する〟とはよく言ったもので、生活が苦しくなれば善悪の判断が愚鈍になり、犯罪に手を染めてしまう者も出てしまうだろう。最近話題となっている〝闇バイト〟は犯罪行為をすることによって報酬を受け取るアルバイトのことで、ＳＮＳやブログなどのインターネット上で募集が行なわれる。仕事内容は「簡単」と表現されており、「高額」「即日即金」などをうたっているのがポイントである。通常であれば、そのような闇バイトに対して〝怪しい〟と自衛本能が働くだろうが、生活が苦しくなっていれば正常な判断ができなくなり、応募してしまうことも考えられる。

二〇二四年八月下旬から一一月下旬の三ヵ月間に首都圏で起きた一九件の強

盗あるいは強盗傷害、強盗殺人という凶悪犯罪は、闇バイトによって集められた者たちが起こした事件である。事件で逮捕された実行犯らは、一〇代後半から三〇代前半までの若者中心であった。このように、生活に苦しくなった若者が実際に〝闇バイト〟に応募して、犯罪に手を染めたのである。

では、高齢者が生活に苦しくなった場合にはどうかと言えば、基本的には同じだろう。二〇二四年二月から六月にかけて札幌市とその隣の江別《えべつ》市を中心に起きていた連続窃盗事件の犯人は、高齢者の三人組であった。一番下が六九歳、その次が七一歳、そして最年長はなんと八八歳、警察はこの三人組のことを「G３S（じいさんず）」とぴったりなコードネームで呼び捜査していたという。

このように、犯罪に手を染めるのに年齢は関係がない。生活が苦しくなれば誰であろうと、犯罪に手を出す可能性があるのだ。自分は大丈夫と思っていてもそれは平穏無事な今のお話で、国家破産という究極の事態にまで陥って精神的にも大きな負荷がかかった状態であれば、タガが外れてもおかしくないのだ。

そして、変な話ではあるが、それくらいの行動力（善悪は別にして）がなければ生き残って行けないのが国家破産である。

一九九一年にソ連が崩壊し、そこから国家破産状態に陥ったロシアは、一九九八年に国家破産のピークを迎えた。その時の様子は『国家破産であなたの老後資金はどうなる!? 下』の方で詳しく述べるが、ここで年金受給者がどうなったかの実例を一つ上げておく。

国家破産によってロシアの年金受給者は困窮を極めたわけだが、それまで何不自由なく暮らしていた品の良い老婦でもそれは同じことであった。年金だけでは食べて行くことができずに、老婦は馴染みの店に申し訳なさそうに顔を出しては物乞いをしていたという。ある日、いつも来る老婦がしばらく見かけていないことに気付いた常連客が不思議に思い店主に尋ねたところ、老婦は生活苦から首を吊《つ》って亡くなったというのだ。

このようなことが日常的に起きるのが、国家破産である。「自死するくらいなら、罪を犯した方が……」と考える人が出て来たとしても決しておかしくないということは、ご理解いただけるはずだ。

おそらく、国家破産により国民の半数以上は貧困による犯罪者または犯罪予備群と化すであろう。そのような中、きちんと対策を取り資産を減らさず逆に殖やすことができるのは、国民のほんの一握り、わずか五％程度であろう。この五％の小さな枠《わく》に皆さんにはぜひ入ってほしいが、入ったからといっても安心してはいけない。国民は、五％の勝ち組（しっかり対策を取った富裕層）と九五％の負け組（生活困窮者）に二極化している。そして、九五％のうち約半分が犯罪者になり、勝ち組となったあなたの資産を物理的に狙って来る可能性があるのだ。

ところで話は変わるが、最近〝闇バイト〟による強盗殺人などの異常な事件が目立つが、全体としてはどれだけ犯罪が増えているのであろうか。ここで政府統計のデータを確認してみると、直近の二〇二三年では殺人や強盗、詐欺の犯罪は前年よりも確かに増えているのだが、二〇年という長いデータで見るとどれも右肩下がりに件数が減少しているのである。犯罪が起きるとテレビや週刊誌などのマスコミが連日のように報道するため、治安が悪化したように錯覚してしまうかもしれないが、実は長い目で見ると治安は確実に良くなっていることがわかる。

このような治安の良いはずの日本で、これから本当に治安が悪化して行くわけだ。そうなると、最初のうちはマスコミがこぞって報道するだろうが、途中からはあまり報道されなくなるかもしれない。日常茶飯事のこととなって、ニュースにする価値がないからだ。そうした〝慣れ〟というのは、非常に恐ろしいことだ。「これが当たり前だ」という、あきらめとなるのだ。

しかし、実際にはそのようなムチャクチャな状況に陥った一九九八年当時のロシア（国がデフォルトに陥り、銀行預金封鎖まで行なわれた）の政府の借金は、たったのGDP比七〇％だった。それに対して現在の日本国政府の借金は、その三倍をはるかに超えるGDP比二五七％である。その恐ろしさに気付かない日本人の神経の方が、私には恐ろしい。

いずれにせよ、国家破産とは最も厄介で、最も恐ろしい出来事であると認識してほしい。今まで味方であったはずの国が、ありとあらゆる手段を用いて牙《きば》を剥いて襲いかかって来るのだ。

結局、国家が破産すると一番困るのはその国の国民である。その中でも資産家も含めて一般庶民も大変な目に遭うことになり、場合によっては全財産を失いかねない。では、どうすれば極限状態でも生き残ることができるのか。国家破産が起きた国では実際に何が起きたのか。それについては、『国家破産であなたの老後資金はどうなる⁉ 下』で詳しく解説するので期待してほしい。

（『国家破産であなたの老後資金はどうなる⁉ 下』に続く）

■今後、『国家破産であなたの老後資金はどうなる⁉ 下』『トランプバブルが弾ける時！』『ペットボトルがあなたの命を奪う！』『インフレで大金持ちになる方法』（すべて仮題）を順次出版予定です。ご期待下さい。

浅井隆からの重要なお知らせ

――恐慌および国家破産を勝ち残るための具体的ノウハウ

厳しい時代を賢く生き残るために必要な情報を収集するために

◆〝恐慌および国家破産対策〟の入口「経済トレンドレポート」

電子版も好評配信中！

皆様に特にお勧めしたいのが、浅井隆が取材した特殊な情報をいち早くお届けする「経済トレンドレポート」です。今まで、数多くの経済予測を的中させてきました。そうした特別な経済情報を年三三回（一〇日に一回）発行のレポートでお届けします。初心者や経済情報に慣れていない方にも読みやすい内容で、新聞やインターネットに先立つ情報や、大手マスコミとは異なる切り口からまとめた情報を掲載しています。

さらにその中で、恐慌、国家破産に関する『特別緊急警告』『恐慌警報』『国家破産警報』も流しております。「激動の二一世紀を生き残るために対策をしなければならないことは理解したが、何から手を付ければよいかわからない」「経済情報をタイムリーに得たいが、難しい内容には付いて行けない」という方は、最低でもこの経済トレンドレポートをご購読下さい。年間、約四万円で生き残るための情報を得られます。また、経済トレンドレポートの会員になられますと、当社主催の講演会など様々な割引・特典を受けられます。

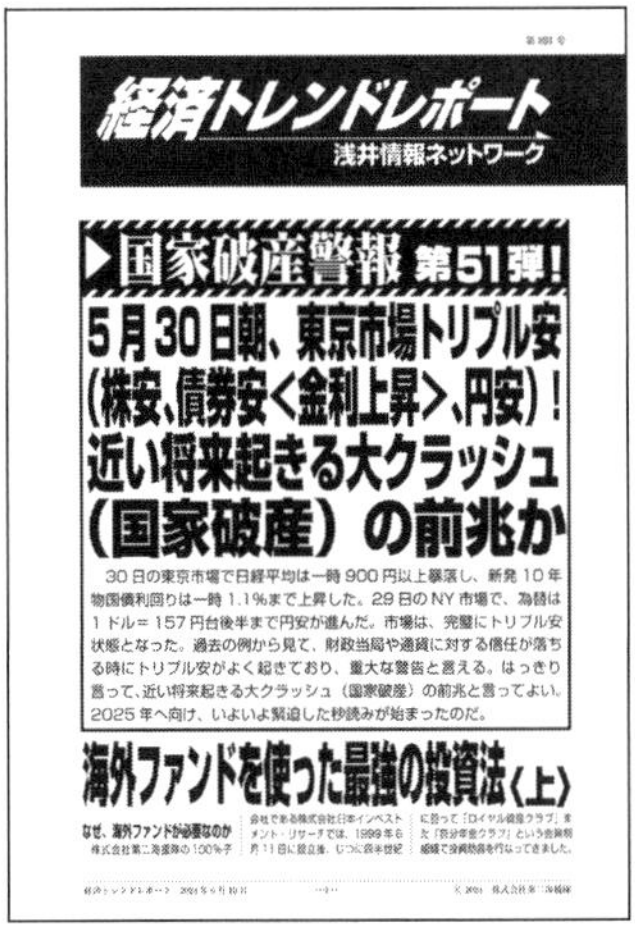

経済トレンドレポート
浅井情報ネットワーク

▶国家破産警報 第51弾！

5月30日朝、東京市場トリプル安
（株安、債券安＜金利上昇＞、円安）！
近い将来起きる大クラッシュ
（国家破産）の前兆か

30日の東京市場で日経平均は一時900円以上暴落し、新発10年物国債利回りは一時1.1%まで上昇した。29日のNY市場で、為替は1ドル＝157円台後半まで円安が進んだ。市場は、完璧にトリプル安状態となった。過去の例から見て、財政当局や通貨に対する信任が落ちる時にトリプル安がよく起きており、重大な警告と言える。はっきり言って、近い将来起きる大クラッシュ（国家破産）の前兆と言ってよい。2025年へ向け、いよいよ緊迫した秒読みが始まったのだ。

海外ファンドを使った最強の投資法〈上〉

なぜ、海外ファンドが必要なのか

2024年6月10日号

経済トレンドレポート
浅井情報ネットワーク

▶国家破産警報 第54弾！

元IMF幹部から重大情報を入手
「日本はいずれ
地獄絵図を見る
ことになる！」

さる8月7日、都内某所で先日までIMFの幹部をしていた人物と極秘に会い、1時間ほどインタビューをすることに成功した。そこで、IMFの内部の情報を聞き出すことができたので以下に特別に掲載する。

彼はIMF（国際通貨基金）の中でも世界中の国家の財政状況を監視し、いざとなればその国に乗り込んで外科手術（一種の徳政令）をやる部隊（Fiscal Affairs Department）の幹部だった。その部門には400名のスタッフがいるが、その中の10名の幹部の1人だったという。

（IMF幹部の名刺）

2024年8月30日号

「経済トレンドレポート」は情報収集の手始めとしてぜひお読みいただきたい。

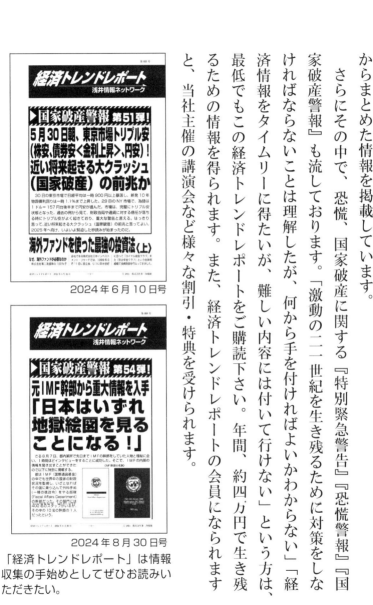

■詳しいお問い合わせ先は、㈱第二海援隊　担当：島崎
TEL：〇三（三二九一）六一〇六　FAX：〇三（三二九一）六九〇〇
Eメール：info@dainikaientai.co.jp
ホームページアドレス：http://www.dainikaientai.co.jp/

◆二〇二五〜二〇二六年の大崩壊に備える「オプション取引」説明会開催

弊社で主催する「オプション研究会」では、二〇二五－二〇二六年に「米国株バブル崩壊」や四〇年サイクルに起因した「日本の〝どん底〟」というネガティブ・イベントが起こると予想しています。そして、株価の大暴落を伴うであろうこうしたネガティブ・イベントは、オプション取引にとって究極の収益機会に成り得ます。

二〇二四年八月五日の「日本版ブラックマンデー」では、日経平均株価は高値からおよそ一万円の下落となりました。この時、株価が暴落すると利益の出

る「プット・オプション」（八月限三万二〇〇〇円）が最大二七五〇倍という破格のリターンをもたらしています。仮に一〇万円をそのプット・オプションに投じていたら、「二億七五〇〇万円」に大化けしたことになります。これは日本のオプション史上最大の倍率となりましたが、今後はこのような莫大なリターンが頻繁に出現すると複数の専門家は見ています。

「一生に一度」とも言うべきオプション投資の機会が迫っていると私どもは予想しており、これを生かせば元本を一〇〇〇倍にすることも夢ではありません。

現在、世界のデリバティブ（金融派生商品）市場ではオプション取引高が先物を超えました。日本を除き、世界中でオプション取引が盛り上がっています。出遅れる日本でも徐々にオプション取引が浸透して行くであろうことは間違いありません。

そこで今回、オプション取引の魅力について知ってもらうために説明会をご用意しました。オプションという方法論を知っておくだけでも価値があります。ぜひ奮ってご参加ください。

■開催日時：二〇二五年四月四日（金）一二時三〇分―一四時三〇分（予定）
　　　　　後日YouTubeにて配信も予定しています。
■料　　金：三〇〇〇円（資料代として。YouTubeも同額料金）
■登壇者　：浅井隆、他

恐慌・国家破産への実践的な対策を伝授する会員制クラブ

◆「自分年金クラブ」「ロイヤル資産クラブ」「プラチナクラブ」

国家破産対策を本格的に実践したい方にぜひお勧めしたいのが、第二海援隊の一〇〇％子会社「株式会社日本インベストメント・リサーチ」（関東財務局長（金商）第九二六号）が運営する三つの会員制クラブ（**「自分年金クラブ」「ロイヤル資産クラブ」「プラチナクラブ」**）です。

まず、この三つのクラブについて簡単にご紹介しましょう。**「自分年金クラブ」**は資産一〇〇〇万円未満の方向け、**「ロイヤル資産クラブ」**は資産一〇〇〇万―数千万円程度の方向け、そして最高峰の**「プラチナクラブ」**は資産一億円以上の方向け（ご入会条件は資産五〇〇〇万円以上）で、それぞれの資産規模に応じた魅力的な海外ファンドの銘柄情報や、国内外の金融機関の活用法に関する情報を提供しています。

恐慌・国家破産は、なんと言っても海外ファンドや海外口座といった「海外の活用」が極めて有効な対策となります。特に海外ファンドについては、私たちは早くからその有効性に注目し、二〇年以上に亘って世界中の銘柄を調査してまいりました。本物の実力を持つ海外ファンドの中には、恐慌や国家破産といった有事に実力を発揮するのみならず、平時には資産運用としても魅力的なパフォーマンスを示すものがあります。こうした情報を厳選してお届けするのが、三つの会員制クラブの最大の特長です。

その一例をご紹介しましょう。三クラブ共通で情報提供する「ATファンド」は、年率五―七％程度の収益を安定的に上げています。これは、たとえば年率七％なら三〇〇万円を預けると毎年約二〇万円の収益を複利で得られ、およそ一〇年で資産が二倍になる計算となります。しかもこのファンドは、二〇一四年の運用開始から一度もマイナスを計上したことがないという、極めて優秀な運用実績を残しています。日本国内の投資信託などではとても信じられない数字ですが、世界中を見渡せばこうした優れた銘柄はまだまだあるのです。

冒頭にご紹介した三つのクラブでは、「ATファンド」をはじめとしてより高い収益力が期待できる銘柄や、恐慌などの有事により強い力を期待できる銘柄など、様々な魅力を持ったファンド情報をお届けしています。なお、資産規模が大きいクラブほど、取り扱い銘柄数も多くなっております。

また、ファンドだけでなく金融機関選びも極めて重要です。単に有事にも耐え得る高い信頼性というだけでなく、各種手数料の優遇や有利な金利が設定されている、日本に居ながらにして海外の市場と取引ができるなど、金融機関も様々な特長を持っています。こうした中から、各クラブでは資産規模に適した、魅力的な条件を持つ国内外の金融機関に関する情報を提供し、またその活用方法についてもアドバイスしています。

その他、国内外の金融ルールや国内税制などに関する情報など資産防衛に有用な様々な情報を発信、会員の皆様の資産に関するご相談にもお応えしております。浅井隆が長年研究・実践して来た国家破産対策のノウハウを、ぜひあなたの大切な資産防衛にお役立て下さい。

■詳しいお問い合わせは「㈱日本インベストメント・リサーチ」

TEL：〇三（三二九一）七二九一　FAX：〇三（三二九一）七二九二

Eメール：info@nihoninvest.co.jp

他にも第二海援隊独自の"特別情報"をご提供

◆浅井隆のナマの声が聞ける講演会

浅井隆の講演会を開催いたします。二〇二五年は大阪・四月一一日（金）、名古屋・五月九日（金）、東京・五月二三日（金）、札幌・六月一三日（金）で予定しております。経済の最新情報をお伝えすると共に、生き残りの具体的な対策を詳しく、わかりやすく解説いたします。

活字では伝えることのできない、肉声による貴重な情報にご期待下さい。

■詳しいお問い合わせ先は、㈱第二海援隊
TEL：〇三（三二九一）六一〇六　FAX：〇三（三二九一）六九〇〇
Eメール：info@dainikaientai.co.jp

◆「ダイヤモンド投資情報センター」

現物資産を持つことで資産保全を考える場合、小さくて軽いダイヤモンドは持ち運びも簡単で、大変有効な手段と言えます。近代画壇の巨匠・藤田嗣治は太平洋戦争後、混乱する世界を渡り歩く際、資産として持っていたダイヤモンドを絵の具のチューブに隠して持ち出し、渡航後の糧にしました。金《きん》（ゴールド）だけの資産防衛では不安という方は、ダイヤモンドを検討するのも一手でしょう。しかし、ダイヤモンドの場合、金《きん》とは違って公的な市場が存在せず、専門の鑑定士がダイヤモンドの品質をそれぞれ一点ずつ評価して値段が決まるため、売り買いは金《きん》に比べるとかなり難しいという事情があります。そのため、信頼できる専門家や取り扱い店と巡り合えるかが、ダイヤモンドでの資産保全の成否のわかれ目です。

　そこで、信頼できるルートを確保し業者間価格の数割引という価格（デパートの宝飾品売り場の価格の三分の一程度）での購入が可能で、ＧＩＡ（米国宝石学会）の鑑定書付きという海外に持ち運んでも適正価格での売却が可能な条件を備えたダイヤモンドの売買ができる情報を提供いたします。

　ご関心がある方は「ダイヤモンド投資情報センター」にお問い合わせ下さい。
■お問い合わせ先：㈱第二海援隊　ＴＥＬ：〇三（三二九一）六一〇六　担当：齋藤
　Ｅメール：info@dainikaientai.co.jp

◆第二海援隊ホームページ

　第二海援隊では様々な情報をインターネット上でも提供しております。詳しくは「第二海援隊ホームページ」をご覧下さい。私ども第二海援隊グループは、皆様の大切な財産を経済変動や国家破産から守り殖やすためのあらゆる情報提供とお手伝いを全力で行ないます。

また、浅井隆によるコラム「天国と地獄」を連載中です。経済を中心に長期的な視野に立って浅井隆の海外をはじめ現地生取材の様子をレポートするなど、独自の視点からオリジナリティあふれる内容をお届けします。

■ホームページアドレス：http://www.dainikaientai.co.jp/

第二海援隊
HPはこちら

◆浅井隆が「YouTube」を始めました

（株）第二海援隊の代表であり経済ジャーナリストの浅井隆がいよいよYouTubeを始めました。情報が氾濫する昨今、間違った言説に飛び付くと一夜にして全財産を失うこともあります。二〇〇〇年代から「国家破産」を警告する浅井隆が、今こそ声を大にして警鐘を鳴らします。

ぜひ、インターネットで「YouTube　第二海援隊」と検索してみて下さい。

また、お使いのスマートフォンなどで下の二次元コードを読み込むと、「第二海援隊のYouTubeチャンネル」に飛ぶことができます。

浅井隆
YouTubeは
こちら

◆「第二海援隊公式ＬＩＮＥ」を始めました

二〇二五年一月から「第二海援隊公式ＬＩＮＥ」をスタートいたしました。新刊のお知らせ、各種講演会の日程、「浅井隆ブログ」アップなど、第二海援隊の最新情報を定期的に配信して行きます。公式ＬＩＮＥだけの特別な情報もあるかも⁉ 登録方法は下の二次元コードを読み取り、追加ボタンを押すだけで完了です。ぜひご登録お願いいたします。

第二海援隊
公式 LINE は
こちら

株で資産を作れる時代がやってきた！ 〝四つの株投資クラブ〟のご案内

一「㊙株情報クラブ」

「㊙株情報クラブ」は、普通なかなか入手困難な日経平均の大きなトレンド、現物個別銘柄についての特殊な情報を少人数限定の会員制で提供するものです。

目標は、提供した情報の八割が予想通りの結果を生み、会員の皆様の資産が中長期的に大きく殖えることです。そのためには、日経平均については著名な「カギ足」アナリストの川上明氏が開発した「T1システム」による情報提供を行ないます。川上氏はこれまでも多くの日経平均の大転換を当てていますので、これからも当クラブに入会された方の大きな力になると思います。

また、その他の現物株（個別銘柄）については短期と中長期の二種類にわけて情報提供を行ないます。短期については川上明氏開発の「T14」「T16」という二つのシステムにより日本の上場銘柄をすべて追跡・監視し、特殊な買いサインが出ると即買いの情報を提供いたします。そして、買った値段から一〇％上昇したら即売却していただき、利益を確定します。この「T14」「T16」は、これまでのところ当たった実績が九八％という驚異的なものとなっております（二〇一五年一月〜二〇二〇年六月におけるシミュレーション）。

さらに中長期的銘柄としては、浅井の特殊な人脈数人が選び抜いた日・米・中三ヵ国の成長銘柄を情報提供いたします。

クラブは二〇二一年六月よりサービスを開始しており、すでに会員の皆様へ有用な情報をお届けしております。なお、「㊙株情報クラブ」「ボロ株クラブ」の内容説明会を収録したCDを二〇〇〇円（送料込み）にてお送りしますのでお問い合わせ下さい。

皆様の資産を大きく殖やすという目的のこのクラブは、皆様に大変有益な情報提供ができると確信しております。奮ってご参加下さい。

■お問い合わせ先：㈱日本インベストメント・リサーチ「㊙株情報クラブ」
TEL：〇三（三二九一）七二九一　FAX：〇三（三二九一）七二九二
Eメール：info@nihoninvest.co.jp

二「ボロ株クラブ」

「ボロ株」とは、主に株価が一〇〇円以下の銘柄を指します。何らかの理由で売り叩かれ、投資家から相手にされなくなった〝わけアリ〟の銘柄もたくさんあり、証券会社の営業マンがお勧めすることもありませんが、私たちはそこにこそ収益機会があると確信しています。

過去一〇年、〝株〟と聞くと多くの方は成長の著しいアメリカの一九六〇年代の西部劇『荒野の七人』に登場したガンマンたちのように、「マグニフィセント・セブン」（超大型七銘柄。アップル、マイクロソフト、アルファベット、アマゾン・ドット・コム、エヌビディア、テスラ、メタ・プラットフォームズ。一九六〇年代の西部劇『荒野の七人』に登場したガンマンたちから名付けられた）高成長ハイテク企業の銘柄を思い浮かべるのではないでしょうか。実際、これらハイテク銘柄の騰勢は目を見張るほどでした。

一方で、「人の行く裏に道あり花の山」という相場の格言があります。「人はとかく群集心理で動きがちだ。いわゆる付和雷同である。ところが、それでは大きな成功は得られない。むしろ他人とは反対のことをやった方が、うまく行く場合が多い」とこの格言は説いています。

すなわち、私たちはなかば見捨てられた銘柄にこそ大きなチャンスが眠っていると考えています。実際、「ボロ株」はしばしば大化けします。ボロ株クラブは二〇二一年六月より始動していますが、小型銘柄（ボロ株）を中心として数々の実績を残しています。過去のデータが欲しいという方は当クラブまでお電話下さい。

もちろん、やみくもに「ボロ株」を推奨して行くということではありません。弊社が懇意にしている「カギ足」アナリスト川上明氏の分析を中心に、さらには同氏が開発した自動売買判断システム「ＫＡＩ―解―」からの情報も取り入れ、短中長期すべてをカバーしたお勧めの取引（銘柄）をご紹介します。

構想から開発までに十数年を要した「ＫＡＩ」には、すでに多くの判断システムが組み込まれていますが、「ボロ株クラブ」ではその中から「Ｔ８」というシステムによる情報を取り入れています。Ｔ８の戦略を端的に説明しますと、「ある銘柄が急騰し、その後に反落、そしてさらにその後のリバウンド（反騰）を狙う」となります。

これら情報を複合的に活用することで、ＮＩＳＡ（少額投資非課税制度）を利用しての年率四〇％リターンも可能だと考えています。年会費も第二海援隊グループの会員の皆様にはそれぞれ割引サービスをご用意しております。詳しくは、お問い合わせ下さい。また、「ボロ株」の「時価総額や出来高が少ない」という性質上、無制限に会員様を募ることができません。一〇〇名を募集上限（第一次募集）とします。

■お問い合わせ先：㈱日本インベストメント・リサーチ「ボロ株クラブ」

TEL：〇三（三二九一）七二九一　FAX：〇三（三二九一）七二九二

Eメール：info@nihoninvest.co.jp

三「日米成長株投資クラブ」

いまや世界経済は「高インフレ・高金利」に突入しています。大切な資産の防衛・運用も、この世界的トレンドに合わせて考え、取り組むことが重要です。

高インフレ時代には、「守り」の運用だけでは不十分です。リスクを取り、積極的な投資行動を取ることも極めて重要となるのです。この観点からも、「株式投資」はこれからの時代に取り組むべき重要な投資分野と言えます。

浅井隆は、インフレ時代の到来と株式投資の有効性に着目し、二〇一八年から「日米成長株投資クラブ」にて株式に関する情報提供、助言を行なってきました。現代最高の投資家であるウォーレン・バフェット氏とジョージ・ソロス氏の投資哲学を参考として、優良銘柄をじっくり保有するバフェット的発想と、経済トレンドを見据えた大局観の投資判断を行なうソロス的手法によって、「一〇年後に資産一〇倍」を目指して行きます。

経済トレンドについては、テクニカル分析の専門家・川上明氏の「カギ足分析」に加えて、経済トレンドの分析を長年行なって来た浅井隆の知見も融合して行きます。特に、三〇年強で約七割の驚異的な勝率を誇る川上氏の分析は非常に興味深いものがあります。

個別銘柄については、発足以来数多くの銘柄情報にて良好な成績を残しており、会員の皆様に収益機会となる情報をお届けしています。銘柄は低位小型株から比較的大型のものまで幅広く、短期的に連日ストップ高を記録した銘柄もあります。

皆様にはこうした情報を十分に活用していただき、大激動をチャンスに変えて大いに資産形成を成功させていただきたいと考えております。ぜひこの機会を逃さずにお問い合わせ下さい。サービス内容は以下の通りです。

①.浅井隆、川上明氏（テクニカル分析専門家）が厳選する国内の有望銘柄の情報提供

②.株価暴落の予兆を分析し、株式売却タイミングを速報

③.日経平均先物、国債先物、為替先物の売り転換、買い転換タイミングを速報

④.バフェット的発想による、日米の超有望成長株銘柄を情報提供

詳しいお問い合わせは「㈱日本インベストメント・リサーチ」

TEL：〇三（三二九一）七二九一　FAX：〇三（三二九一）七二九二

Eメール：info@nihoninvest.co.jp

四　「オプション研究会」

二〇二〇年代は、新型コロナウイルスの世界的流行、ロシアのウクライナ侵

攻、中東情勢の緊迫化など「激動の時代」になりつつあります。日本においても、財政危機リスクや台湾有事などの地政学リスク、さらに巨大地震や火山噴火などの天災リスクを抱え、非常に困難な時代となることが予想されます。

こうした激動期には大切な資産も大きなダメージを受けることとなりますが、その一方で激動を逆手に取ることで「千載一遇の投資のチャンス」をつかむことも可能となります。その極めて有望な方法の一つが「オプション取引」です。「オプション取引」では、短期的な市場の動きに大きく反応し、元本の数十―一〇〇〇倍以上もの利益を生むこともあります。この大きな収益機会は、実は巨大な損失リスクを負わずに、損失リスクを限定しながらつかむことができるのです。激動の時代には、「オプション取引」でこうした巨大な収益機会がたびたび生まれることになります。市場の暴落時のみならず、急落からの大反騰時にもチャンスが生じるため、平時と比べても取り組む価値は高いと言えます。

「オプション取引」の重要なポイントを簡単にまとめます。

・非常に短期（数日―一週間程度）で、数十倍～数百倍の利益獲得も可能

・「買い建て」限定にすると、損失は投資額に限定できる
・恐慌、国家破産など市場が激動するほど収益機会は増える
・最低投資額は一〇〇〇円（取引手数料は別途）
・株やＦＸと異なり、注目すべき銘柄は基本的に「日経平均株価」の動きのみ
・給与や年金とは分離して課税される（税率約二〇％）

極めて魅力的な「オプション取引」ですが、投資にあたっては取引方法に習熟することが必須です。オプションの知識の他、パソコンやスマホによる取引操作の習熟が大きなカギとなります。

もし、これからの激動期を「オプション取引」で挑んでみたいとお考えであれば、第二海援隊グループがその習熟を「情報」と「助言」で強力に支援いたします。「オプション研究会」では、「オプション取引」はおろか株式投資など他の投資経験もないという方にも、取引操作から基本知識、さらに投資の心構え、市況変化に対する考え方や収益機会のとらえ方など、初歩的な事柄から実践までを懇切丁寧に指導いたします。

さらに、「オプション研究会」では、「三〇％複利戦法」をはじめとして参考となる投資戦略も情報提供しています。こうした戦略もうまく活用することで、「オプション取引」の魅力を実感していただきます。これからの激動の時代を、チャンスに変えたいとお考えの方のご入会を心よりお待ちしております。

※なお、オプション研究会のご入会には、「日米成長株投資クラブ」の会員であることが条件となります。また、ご入会時には当社規定に基づく審査があります。あらかじめご了承下さい。

「㈱日本インベストメント・リサーチ オプション研究会」担当 山内・稲垣・関
TEL：〇三（三二九一）七二九一　FAX：〇三（三二九一）七二九二
Eメール：info@nihoninvest.co.jp

◆「オプション取引」習熟への近道を知るための「セミナーDVD」発売中（二〇二四年五月二四日収録版）

「オプション取引について詳しく知りたい」『オプション研究会』について理

解を深めたい」という方のために、その概要を知ることができる「DVD／CD／動画配信」を用意しています。

■「オプション説明会DVD／CD／動画配信」■

「オプション説明会」の模様を収録したDVD／CD／動画配信です。浅井隆が信頼する相場のチャート分析を行なう川上明先生にもご登壇いただきました。ぜひご入手下さい。価格（DVD／CD／動画配信）三〇〇〇円（送料込）

■「オプション研究会」に関するお問い合わせは「㈱日本インベストメント・リサーチ　オプション研究会　担当」まで。

TEL：〇三（三二九一）七二九一　FAX：〇三（三二九一）七二九二
Eメール：info@nihoninvest.co.jp

◆浅井隆が発行人となる新ウェブサイト「インテリジェンス・ニッポン」配信開始

山積する日本の課題を克服するため、問題の所在を解明し、解決策を示して行くオピニオン・メディアを創りたい。この長年の浅井隆の夢が、二〇二四年年七月に実現しました。新ウェブサイトは「インテリジェンス・ニッポン」です。「インテリジェンス（Intelligence）」は「（優れた）知性」を意味します。政治経済はじめ様々な分野で行き詰まっている日本について、冷静に、総合的に、まさに「インテリジェンス」を持って考え、「新生日本」を目指す解決の方向を示して行こうというのが、このウェブサイトです。

浅井はじめ大手新聞社や出版社のベテラン編集者が、時代の本質を的確にとらえた論者や評論、ニュースをわかりやすく紹介します。テーマは広い意味での政治、経済を二本柱とし、教育、文化など幅広く取り上げます。原則として毎月二回更新（第二、第四木曜）し、誰でも無料でアクセスできます。

ぜひ一度ご覧になって下さい。

■ホームページアドレス：http://www.intelligence-nippon.jp/

インテリジェンス・ニッポン
HPはこちら

■経済ジャーナリストとして

国際軍事関係の取材を続ける中、「冷戦も終わり、これからは軍事ではなく経済の時代」という友人の編集者の言葉が転機となり、経済に関する勉強を重ねる。1990年東京市場暴落の謎に迫る取材で、一大センセーションを巻き起こす。当時、一般には知られていない最新の金融技術を使って利益を上げた、バブル崩壊の仕掛け人の存在を暴露するレポート記事を雑誌に発表。当初は誰にも理解されなかったが、真相が知れ渡るにつれ、当時の大蔵省官僚からも注目されるほどになった。これをきっかけに、経済ジャーナリストとして、バブル崩壊後の超円高や平成不況の長期化、金融機関の破綻など数々の経済予測を的中させたベストセラーを多発した。

■独立

1993年「大不況サバイバル読本―'95年から始まる"危機"を生き残るために」が十数万部のベストセラーとなり、独立を決意。1994年に毎日新聞社を退社し、浅井隆事務所を設立。執筆・講演会・勉強会などの活動を行なう。

■（株）第二海援隊設立

1996年、従来にない形態の総合情報商社「第二海援隊」を設立。以後その経営に携わる一方、精力的に執筆・講演活動を続ける。2005年7月、日本を改革・再生することを唯一の事業目的とする日本初の株式会社「再生日本２１」を立ち上げる。

■主な著書

『大不況サバイバル読本』『日本発、世界大恐慌！』（徳間書店）『95年の衝撃』（総合法令出版）『勝ち組の経済学』（小学館文庫）『次にくる波』（PHP研究所）『HuMan Destiny』（『9・11と金融危機はなぜ起きたか!?〈上〉〈下〉』英訳）『いよいよ政府があなたの財産を奪いにやってくる!?』『徴兵・核武装論〈上〉〈下〉』『最後のバブルそして金融崩壊『国家破産ベネズエラ突撃取材』『都銀、ゆうちょ、農林中金まで危ない!?』『巨大インフレと国家破産』『年金ゼロでやる老後設計』『ボロ株投資で年率40%も夢じゃない!!』『2030年までに日経平均10万円、そして大インフレ襲来!!』『コロナでついに国家破産』『老後資金枯渇』『2022年インフレ大襲来』『2026年日本国破産〈警告編〉〈あなたの身に何が起きるか編〉〈現地突撃レポート編〉〈対策編・上／下〉』『極東有事――あなたの町と家族が狙われている！』『オレが香港ドルを暴落させる　ドル/円は150円経由200円へ！』『巨大食糧危機とガソリン200円突破』『2025年の大恐慌』『1ドル＝200円時代がやってくる!!』『ドル建て金持ち、円建て貧乏』『20年ほったらかして1億円の老後資金を作ろう！』『投資の王様』『国家破産ではなく国民破産だ！〈上〉〈下〉』『2025年の衝撃〈上〉〈下〉』『あなたの円が紙キレとなる日』『ドルの正しい持ち方』『超円安 国債崩壊 株大暴落』『株高は国家破産の前兆』『太陽嵐2025年』『2025年の大崩壊』（第二海援隊）など多数。

〈著者略歴〉

浅井　隆　(あさい　たかし)

■学生時代

高校時代は理工系を志望。父と同じ技術者を目指していたが、「成長の限界」という本に出会い、強い衝撃を受ける。浅井は、この問題の解決こそ“人生の課題”という使命感を抱いた。この想いがのちの第二海援隊設立につながる。人類の破滅を回避するためには、科学技術ではなく政治の力が必要だと考え、志望先を親に内緒で変えて早稲田大学政治経済学部に進む。 在学中に環境問題を研究する「宇宙船地球号を守る会」などを主宰するも、「自分の知りたいことを本当に教えてくれる人はいない」と感じて大学を休学。「日本を語るにはまず西洋事情を知らなくては」と考え、海外放浪の旅に出る。 この経験が「なんでも見てやろう、聞いてやろう」という“現場主義”の基礎になる。

■学生ビジネス時代

大学一年の時から学習塾を主宰。「日本がイヤになって」海外を半年間放浪するも、反対に「日本はなんて素晴らしい国なのだろう」と感じる。帰国後、日本の素晴らしさを子供たちに伝えるため、主催する学習塾で“日本の心”を伝える歴史学や道徳も教える。ユニークさが評判を呼び、学生ビジネスとして成功を収める。 これが歴史観、道徳、志などを学ぶ勉強会、セミナーの原型となった。

■カメラマン時代

学生企業家として活躍する中、マスコミを通して世論を啓蒙して行こうと考え、大学７年生の時に中退。毎日新聞社に報道カメラマンとして入社。 環境・社会問題の本質を突く報道を目指すも、スキャンダラスなニュースばかりを追うマスコミの姿勢に疑問を抱く。しかし先輩から、「自分の実力が新聞社の肩書きを上回るまで辞めてはならん」との言葉を受け発奮、世界を股にかける過酷な勤務をこなす傍ら、猛勉強に励みつつ独自の取材、執筆活動を展開する。冷戦下の当時、北米の核戦争用地下司令部「ＮＯＲＡＤ」を取材。
核問題の本質を突く取材をしようと、ＮＯＲＡＤ司令官に直接手紙を書いた。するとアメリカのマスコミでさえ容易に取材できないＮＯＲＡＤでは異例の取材許可が下りた。ところが上司からはその重要性を理解されず、取材費は出なかった。そこで浅井は夏休みを取り、経費はすべて自腹で取材を敢行。これが転機となって米軍関係者と個人的なコネクションができ、軍事関係の取材を精力的に行なう。

〈参考文献〉

【新聞・通信社】
『日本経済新聞』『朝日新聞』『読売新聞』
『ロイター』『フィナンシャル・タイムズ』

【書籍】
『経済政策で人は死ぬか?: 公衆衛生学から見た不況対策』
（デヴィッド スタックラー、サンジェイ バス著　草思社）

【拙著】
『2017年の衝撃』（第二海援隊）
『ギリシャの次は日本だ！』（第二海援隊）
『浅井隆の大予言〈上〉』（第二海援隊）
『国家破産ではなく国民破産だ！〈上・下〉』（第二海援隊）
『2025年の衝撃』（第二海援隊）
『2026年日本国破産〈現地突撃レポート編〉』（第二海援隊）
『株高は国家破産の前兆』（第二海援隊）
『2025年の大崩壊』（第二海援隊）

【その他】
『ロイヤル資産クラブレポート』『経済トレンドレポート』

【ホームページ】
フリー百科事典『ウィキペディア』
『内閣府』『内閣府防災情報のページ』『厚生労働省』『総務省統計局』
『政府統計の総合窓口』『政府広報オンライン』『ＮＨＫ』『ＢＢＣ』
『一般社団法人原子力国民会議』『日本自然災害学会』
『公益財団法人ひょうご震災記念21世紀研究機構』『第一生命経済研究所』
『ウォール・ストリート・ジャーナル』『JIJI.COM』『PHP研究所』
『コラム「PopularDelusions」』『プレジデント・オンライン』『ＦＬＡＳＨ』
『東京商工リサーチ』『東洋経済オンライン』

国家破産であなたの老後資金はどうなる⁉ 上

2025年2月4日　初刷発行

著　者　浅井　隆
発行者　浅井　隆
発行所　株式会社　第二海援隊
〒101-0062
東京都千代田区神田駿河台２-５-１　住友不動産御茶ノ水ファーストビル８Ｆ
電話番号　03-3291-1821　　ＦＡＸ番号　03-3291-1820

印刷・製本／株式会社シナノ

ISBN978-4-86335-247-6

Printed in Japan

第二海援隊発足にあたって

日本は今、重大な転換期にさしかかっています。にもかかわらず、私たちはこの極東の島国の上で独りよがりのパラダイムにどっぷり浸かって、まだ太平の世を謳歌しています。

しかし、世界はもう動き始めています。その意味で、現在の日本はあまりにも「幕末」に似ているのです。ただ、今の日本人には幕末の日本人と比べて、決定的に欠けているものがあります。それこそ、志と理念です。現在の日本は世界一の債権大国（＝金持ち国家）に登り詰めはしましたが、人間の志と資質という点では、貧弱な国家になりはててしまいました。それこそが、最大の危機といえるかもしれません。

そこで私は「二十一世紀の海援隊」の必要性を是非提唱したいのです。今日本に必要なのは、技術でも資本でもありません。志をもって大変革を遂げることのできる人物と、それを支える情報です。まさに、情報こそ〝力〟なのです。そこで私は本物の情報を発信するための「総合情報商社」および「出版社」こそ、今の日本に最も必要と気付き、自らそれを興そうと決心したのです。

しかし、私一人の力では微力です。是非皆様の力をお貸しいただき、二十一世紀の日本のために少しでも前進できますようご支援、ご協力をお願い申し上げる次第です。

浅井　隆